조선의 역사를 바꾼

치명적 말실수

조선의 역사를 바꾼

이경채 지음

치명적

말실수

나무 의자

저자의 말

옛 속담에 "말 한마디에 천 냥 빚을 갚는다"는 말이 있다.

이 말은 진심에서 우러나온 말은 상대의 마음을 움직여 나에게 커다란 이익으로 되돌아온다는 뜻이다.

그러나 반대로 상대의 약점을 직간접으로 헐뜯거나, 은근히 가시가 돋친 말 등은 나를 수렁으로 몰아넣는 화근이 될 수 있다. 생각 없이 뱉은 말실수로 인해 상대가 손해를 입었다면, 그 사람은 그것보다 열 배 내지 수백 배로 되돌려주려 하기 때문이다.

그러므로 말을 할 때는 최대한 감정이나 표정을 드러내지 말아야 한다. 또 상대가 내 말을 듣고 어떠한 반응을 보일지 유추해보고, 그에 대한 적절한 대책을 마련해두는 것도 중요하다. 그리하면 나를 나락으로 떨어뜨리는 말실수는 절대 하지 않을 것이다.

우리가 살아가는 삶 속에서도 소위 잘나가는 정치 지도자나 사회 지도자들이 단 한마디의 말실수로 인해 큰 곤욕을 치르는 경우를 종종 목격한다. 특히 정치 지도자들의 말실수는 치명적이다. 찰나적으로 자신과 당의 이익에 급급하여 입에서 나오는 대로 내뱉은 말실수가 그 지도자는 물론 당의 지지율까지 곤두박질치게 만들기 때문이다.

성공한 정치 지도자나 종교단체의 지도자, 회사를 경영하는 지도자들의 공통점 중 하나는 많은 말을 하지 않아도 사람들에게 믿음을 준다는 것이다.

그들은 함께 일하는 사람이나 주위 사람들에게 단 한마디의 말로도 당신은 나에게 아주 중요한 사람이며, 당신이 하고 있는 일은 우리 조직에 아주 중요한 일이라는 확신을 심어준다. 그러면 사람들은 인정받고 있다는 생각에 몸을 사리지 않고 맡은 일을 열심히 하며 아낌없는 찬사를 보내게 된다.

이 책은 '어제는 오늘의 교훈이며 오늘은 내일의 역사'라는 관점에서 역사를 바라보고, 말실수로 인해 모든 것을 잃어버린 역사 속 인물들의 삶을 소설처럼 읽히도록 재미있게 구성하였다. 이미 출간했던 『설화』의 제목들과 문장을 다듬었고, 읽기 편하도록 리드문을 달았다. 불필요해 보이는 설명들은 덜어냈다.

모쪼록 독자 여러분이 이 책을 읽고 단 한순간이라도 자신의 언행을 되돌아보는 계기가 되었으면 하는 바람이다.

차례

Part 1

정도전의 치명적인 말투와 말실수

"한고조 유방이 장자방을 쓴 것이 아니라,

장자방이 한고조를 쓴 것이다."

모든 재앙은 입에서 나온다. 그러므로 함부로 입을 놀리거나

상대가 듣기 싫어하는 말을 하지 마라.

맹렬한 불길이 집을 태워버리듯 말을 조심하지 않으면

결국 그것이 불길이 되어 내 몸을 태우게 된다.

불행한 운명은 바로 자신의 입에서부터 시작된다.

입은 몸을 치는 도끼요, 몸을 찌르는 날카로운 칼날이다.

_법구경

직선적인 말 한마디

❖❖❖❖❖

사신의 머리를 베어
명나라에 보내버리겠소.

공자가 말하기를 군자는 세 가지를 경계해야 한다고 하였다.

"젊었을 때는 혈기가 불안정하니 여색을 경계해야 하고, 청·장년기에는 바야흐로 혈기가 왕성하니 다툼을 경계해야 하며, 노년기에는 이미 혈기가 쇠잔했으니 욕심을 경계해야 한다."고 했다.

이런 면에서 봤을 때 정도전은 뛰어난 지략으로 조선 왕조 창업을 이루어냈지만, 공자가 강조한 군자의 삶과는 거리가 먼 일생을 살다 갔다.

그는 벼슬살이를 시작한 청·장년기에는 거침없는 자기표현으로 기득권 세력의 눈 밖에 나서 오랜 유배 생활을 하였고, 조선이 개국한 노년에는 왕에 버금가는 권력을 유지하기 위해 크고 작은 분란을 일으켜서 끝내 비참한 죽임을 당했기 때문이다.

이렇듯 정도전이 뛰어난 업적을 남기고도 불명예스러운 죽임을 당한 것은 포용력 없는 성격에서 비롯된 말실수 때문이었다.

정도전은 1342년(충혜왕 3) 충청도 단양 삼봉에서 형부상서를 지낸 정운경의 맏아들로 태어났다.

일찍이 아버지의 소개로 대유학자 이색의 제자가 되었는데, 그곳에서 후에 고려 조정의 핵심 인물로 성장하는 정몽주, 이숭인, 김구용 등을 만났다.

그는 이색의 제자들 중에서도 문장 실력이 특출하여 동문들의 부러움을 받았다. 하지만 사석에서는 철저하게 따돌림을 당했다. 고려 명문가 자제인 그들과 달리 집안이 한미했기 때문이다.

정도전은 어려움 속에서도 학문을 갈고닦아 1362년(공민왕 11), 약관의 나이로 과거에 급제하여 벼슬길에 올랐다. 첫 관직인 관리들의 녹봉을 관리하는 충주사록을 거쳐, 1370년에는 성균감에서 유생들을 가르치는 성균박사가 되었다. 이 시기에 그는 어릴 적부터 친분이 있던 5세 연상의 정몽주와 함께 일하면서 돈독한 우정을 쌓았다.

그 후로 태상박사를 거쳐 예조정랑으로 승진했고, 5년 동안 인사와 행정을 관장하면서 일 처리를 공정하게 하여 공민왕으로부터 신임을 받았다.

그러나 그는 과거 동기생들에 비해 비교적 승진이 늦었다. 이색의 문하에서 동문수학하던 5세 연하의 이숭인도 이미 그보다 높은 관직에 올라 있었던 것이다.

조선의 역사를 바꾼 치명적 말실수

정도전의 승진이 늦은 원인은 가문과 혈통적 약점 때문이었다.

사실 권문세가들이 판쳤던 고려 조정에서 정도전의 집안은 내세울 것이 없었다. 그의 가문은 5대조인 정공미 때부터 경상도 봉화에서 이방·형방과 비슷한 호장을 세습하며 살았다고 한다.

정도전의 가문에서 최초로 중앙 정계에 진출한 사람은 아버지 정운경이었다. 정운경은 어머니를 일찍 여의고 이모 집에서 살다가 개경에 유학하여 충숙왕 때 과거에 급제했다. 가문의 배경 없이 오로지 실력만으로 오늘날의 법무부 장관에 해당하는 형부상서까지 오른 입지전적인 인물이었다.

그러나 아버지는 정도전이 벼슬살이를 시작했을 때 이미 벼슬에서 물러났기 때문에 아무런 힘이 되지 못했다.

게다가 외가 쪽으로 노비의 피가 섞였다는 것은 정도전의 벼슬살이에 치명적인 약점이 되었다. 승진을 하거나 다른 자리로 옮겨 갈 적마다 대신들이 그 약점을 거론하며 발목을 잡았던 것이다.

정도전은 그런 일이 생길 때마다 울화가 치밀었지만, 부정할 수 없는 사실이기에 인내하는 도리밖에 없었다.

사실 정운경은 과거에 급제한 뒤, 우연이라는 선비의 서녀와 결혼했다. 우연은 고려 개국공신인 연안 차씨 집안의 사위였으므로 정운경의 집안과는 비교가 안 되는 명문가였다.

고려 시대는 적서의 차별이 심하지 않았다. 본처의 자식이든 첩의 자식이든 가정이나 사회에서 큰 차별 없이 생활할 수 있었다. 그러므로 한미한 집안의 실력파 청년과 귀족의 서녀가 혼사를 맺는 것은 자연스러운 일이었다.

그러나 문제는 정운경의 장모, 즉 정도전의 외할머니에게 있었다. 그녀는 명문가인 단양 우씨 우현보 집안의 인척인 승려 김진이 자기 종인 수이의 아내와 간통해서 낳은 딸이었던 것이다.

김진은 딸이 태어나자마자 승려 생활을 그만두고 수이의 아내를 데리고 살았다고 한다. 그는 뒤늦게 얻은 딸을 각별히 사랑해서 명문가인 연안 차씨 집안의 사위인 우연의 첩으로 들여보냈다. 그 후 김진의 딸과 우연 사이에서 태어난 딸이 바로 정도전의 어머니였던 것이다.

게다가 정도전 본인도 아버지처럼 연안 차씨 집안 사위의 서녀를 아내로 맞았다. 정도전의 아내 최씨는 최습이라는 사람의 서녀였다. 최습은 바로 정도전의 외할아버지 우연의 정실인 연안 차씨의 오빠 차안도의 사위였던 것이다.

어쨌든 고려 시대에는 첩 소생의 핏줄도 일단 관직에 나갈 수는 있었다.

하지만 고위직으로 승진하기에는 사실상 많은 어려움이 따랐다. 한미한 가문의 사대부는 출세를 위해 명문가의 서녀와 혼인을 하였지만, 그 자식들은 혈통적 약점 때문에 고위직에는 오를 수 없었던 것이다.

이러한 혈통적 약점은 오늘날의 정치인들이 벌이는 색깔 공방처럼 정도전을 끊임없이 괴롭혔다. 고위직 관리들 중에서 특히 정도전을 심하게 괴롭힌 사람은 우현보와 그의 세 아들이었다.

조선의 역사를 바꾼 치명적 말실수

우현보는 단양 명문가라는 배경 덕분에 젊은 나이에 재상이 되었고, 그의 세 아들도 모두 요직에 등용되었다. 그들은 정도전이 벼슬살이를 시작할 때부터 자기 집안 종의 자손이라며 공공연히 떠들고 다녔다. 게다가 정도전이 승진하거나 다른 자리로 옮겨 갈 때마다 직첩임명장에 서명을 해주지 않는 야비한 수법으로 정도전을 끊임없이 괴롭혔다.

이 같은 설움에서 비롯된 피해 의식은 정도전을 자기주장을 여과 없이 드러내는 반골적인 성향의 인물로 만들어버렸다. 이런 성격 탓에 정도전은 우러러봐야 할 재상들 앞에서도 될 대로 되라는 식으로 거침없이 자기주장을 펼쳤고, 결국 관직에서 쫓겨나 머나먼 남쪽으로 유배를 떠나게 되었다.

1375년(우왕 1), 정도전이 성균관 사예를 거쳐 지제교(왕의 교서 따위를 짓는 벼슬)로 있을 때, 북원의 사신이 국경 근처에 도달했다는 전갈이 왔다. 북원은 명나라 태조 주원장에게 멸망한 원나라의 잔존 세력이 몽골 지방에 새로 건국한 나라였다.

이 소식을 들은 권신 이인임과 경복흥 등은 북원이 상국으로 모시던 원나라의 후예이므로 전처럼 사신을 정중히 맞아야 한다고 결정했다. 그러나 정도전, 김구용, 이숭인, 권근 등 신진 사대부들은 이미 멸망한 것이나 다름없는 북원의 사신을 맞이하면, 중국 대륙을 제패한 명나라를 자극하는 일이라고 도평의사사에 반대의 글을 올렸다.

그러자 11세의 어린 우왕 대신 정권을 좌지우지하고 있던 이인임과 경복흥이 정도전에게 북원 사신을 정중히 영접하라고 명했다. 여기서도 혈통적인 약점 때문에 정도전만 괘씸죄에 걸린 것이다.

그날 밤, 정도전은 경복흥의 집으로 찾아가서 쏘아붙였다.

"대감께서 나에게 북원 사신을 맞이하라고 하면, 나는 사신의 머리를 베어 가지고 명나라에 보내버리겠소."

정도전의 이 발언은 엄청난 하극상이었다. 정5품에 불과한 하급 관리가 최고 관직인 시중의 집에 찾아가서 군왕이 결정한 일을 정면으로 거부하겠다는 말이었다.

이 말 한마디로 정도전은 권신들의 노여움을 사서 삭탈관직되고 전라도 나주목 회진현으로 유배되었다. 그 2년 뒤에 고향인 경상도 봉화로 유배지가 옮겨졌고, 봉화에서 4년간 지내다 7년 만에 드디어 자유의 몸이 되었다.

그러나 정도전은 관직에 복직되지 못했다. 비슷한 시기에 유배를 떠난 이숭인 등은 이미 복직되어 벼슬살이를 하고 있었다. 이처럼 정도전의 복직이 쉽게 이루어지지 않은 것은 혈통적 약점과 반골적 성격 탓에 조정 내에 지원해주는 세력이 없었기 때문이다. 직선적인 말도 한몫했다.

당시 스승인 이색이 재상으로 있었지만, 정도전에게 아무런 도움도 주지 않았다. 이 시기부터 정도전은 스승 이색에게 서운한 감정을 품게 되었던 것이다.

사적인 지나치게 사적인

❖❖❖❖❖

이들을 마땅히 극형으로 다스려야
나라의 기강이 바로 설 것입니다.

이성계와 정도전이 처음 대면한 것은 조선 개국 9년 전으로 거
슬러 올라간다. 당시 이성계는 고려 조정과 백성들로부터 기대와
사랑을 한 몸에 받고 있던 떠오르는 영웅이었다. 그러나 정도전
은 중앙 정계에서 철저히 소외당한 채 이곳저곳 떠돌며 학생들을
가르치던 서생에 불과했다.

1382년(우왕 8), 변방인 함경도 지역에 호바투가 이끄는 여진족
이 자주 침입하여 노략질을 일삼았다. 우왕은 그 지역 출신인 이
성계를 동북면 도지휘사로 삼아 여진족을 토벌하게 했다. 이성계
는 왕의 기대대로 호바투가 이끄는 여진족을 말끔히 소탕했다.

이때 당시 정도전은 삼각산 자락 밑에 초막집을 짓고 제자들을
모아 가르치며 복직이 되기만을 기다리고 있었다. 그러나 번번이

그의 발목을 잡던 우현보와 그 아들들이 건재했으므로 복직은 그저 희망 사항일 뿐이었다.

희망의 빛은 보이지 않았다. 하루하루가 지날수록 고려 사회에 대한 반감은 더욱 쌓여갔고, 급기야 고려 왕조를 송두리째 뒤엎겠다는 역성혁명의 새싹이 가슴 한구석에서 새록새록 싹트기 시작했다.

그러던 어느 날, 그 지역 출신의 재상이 제자들을 모아 가르치던 초막집을 헐어버렸다. 정도전은 눈물을 머금고 거처를 김포로 옮겨 잠시 생활하다가 자신에게 힘을 실어줄 사람을 찾아 나서기로 했다.

그런 정도전의 시야에 포착된 이가 바로 이성계였다. 조정 대신들은 물론 일반 백성들까지도 칭송이 자자한 이성계와 힘을 합친다면 이루지 못할 것이 없을 것 같았다.

1383년 가을, 정도전은 무작정 짐을 꾸려서 동북면 도지휘사 이성계가 있는 함주 막사로 찾아갔다. 이성계는 불청객인 정도전을 따뜻하게 맞아주었고 참모로 삼았다. 정도전은 뛰어난 학식과 지략으로 이성계의 마음을 사로잡았고, 1년간 참모로 지내면서 그를 주군으로 모실 결심을 굳혔다.

이성계라는 든든한 지원군을 얻은 정도전은 이듬해에 전교부령으로 복직되었고, 성절사 정몽주의 서장관이 되어 명나라에 다녀왔다.

1385년에는 성균관 좨주, 남양부사를 거쳐, 이성계의 강력한 추천으로 마침내 고위직인 정3품 성균대사성으로 승진했다. 이것은 혈통적인 약점 때문에 고려 중앙 정계에서 철저히 소외당하던 정도전이 이성계라는 강력한 지원자를 업고 화려하게 컴백하는 순간이었다.

이렇게 되자 번번이 그의 발목을 잡았던 우현보와 세 아들도 전처럼 업신여기지를 못했다. 정도전은 언젠가는 그들로부터 받은 마음의 상처와 좌절을 반드시 되갚아주겠다는 각오로 전과 달리 몸을 낮추고 때가 오기를 기다렸다.

정도전이 고대하던 날은 불과 3년 만에 찾아왔다.

1388년(우왕 14) 5월, 우왕과 팔도도통사 최영의 명을 받고 요동 정벌에 나섰던 이성계가 위화도에서 군사를 되돌린 것이다.

이성계와 조민수는 우왕의 장인 최영이 이끄는 토벌군을 격파하고 조정을 장악한 뒤, 우왕마저 폐하여 강화도로 내쫓아버렸다.

병권과 정치적 실권을 장악한 이성계는 오른팔 격인 정도전을 밀직부사로 승진시켰다. 또 벼슬에서 물러나 은둔 생활을 하던 조준을 회유하여 지밀직사사(대통령 비서실장) 겸 대사헌(검찰총장)으로 발탁했다.

그런데 위화도 회군의 동지였던 이성계와 조민수가 차기 왕을 누구로 정하느냐를 놓고 크게 대립하게 되었다. 이성계는 종친 중에서 뛰어난 인물을 왕으로 세우려 하였고, 조민수는 우왕의 아들 창을 왕으로 삼아야 한다고 팽팽히 맞섰던 것이다.

조민수가 군이 자신이 폐위시킨 우왕의 아들 창을 왕으로 세우려 한 것은 이인임의 은혜에 보답하기 위해서였다. 조민수는 우왕 때의 권신 이인임의 천거로 고위직에 진출했는데, 그 이인임의 조카딸이 바로 우왕의 비이자 창왕의 어머니였던 것이다.

그러나 조민수는 지지 세력이나 역량 등 모든 면에서 이성계의 적수가 되지 못했다. 점차 이성계의 뜻대로 일이 진행되자 조민수는 대신들의 존경을 받고 있는 재상 이색에게 도움을 청했다.

"이성계의 뜻대로 임금이 세워지면 고려 왕조의 안위는 보장받을 수 없습니다. 대감께서 이 문제를 매듭지어 주십시오."

"내가 어떻게 했으면 좋겠소?"

"대통은 반드시 원자가 이어야 합니다. 왕실의 큰 어른이 명을 내리시면 이성계도 어쩔 수 없을 겁니다."

"……."

이성계의 세력이 커지는 것을 우려하던 이색은 다음 날 공민왕의 제4비인 정비 안씨를 찾아갔다. 그녀는 대신들이 억지로 떠맡긴 옥새를 안고 벌벌 떨고 있었다.

이색은 두려움에 떨고 있던 그녀를 설득하여 "우왕의 원자인 창을 왕으로 세우라."라는 교지를 받아냈다. 이것으로 이성계와 조민수의 대립은 조민수의 승리로 끝나고 말았다. 고려 왕실의 큰 어른이 내린 결정이라 이성계 일파도 어쩔 수 없었던 것이다.

10세 어린아이를 고려 제33대 왕으로 옹립한 조민수와 이색은 권력의 핵심으로 떠올랐다. 그러나 병권과 정치적 실권은 이성계 일파에게 있었으므로 신흥 세력과 구신 세력의 살얼음판 같은 정국이 형성되었다.

이성계는 조준의 건의에 따라 전제 개혁을 주장했다.

전제 개혁은 귀족과 공신들만 많은 토지를 소유하고 대대손손 잘 먹고 잘사는 잘못된 제도들을 뜯어고치자는 것이었다. 이 개혁에는 정치적으로 중립적 입장에 있던 정몽주도 적극 찬성했다.

이성계가 주장한 전제 개혁안은 조준이 만든 것이었다.

조준은 명문가 출신으로 문과 급제 10년 만에 벼슬이 밀직제학에 이를 정도로 실력과 원만한 대인 관계를 가진 뛰어난 인물이었다. 그러나 조정에 들끓고 있는 간신배들의 행태에 염증을 느껴 1384년에 스스로 벼슬을 사임하고 4년 동안 은둔 생활을 했다. 이 기간에 토지제도·관제·신분·국방 등에 관한 개혁안을 치밀하게 준비했던 것이다.

그러나 이성계가 주장하는 전제 개혁은 창왕 대신 정국을 주도하던 이색과 조민수의 반대로 번번이 좌절되었다. 이성계 일파의 주장대로 전제 개혁이 추진되면 구신들이 소유하고 있던 전답이 몰수되어 경제적 기반을 상실하기 때문이었다.

이성계 일파는 어쩔 수 없이 실력 행사에 들어갔다. 이성계의 아이디어 뱅크인 조준은 자신을 따르는 간관을 움직여 조민수를 탄핵했다. 조민수는 우왕 때 나라를 혼란에 빠뜨린 이인임과 가까운 친척이며, 과거에 부정한 짓을 저질렀다고 탄핵하여 창녕으로 유배를 보내버렸다.

구신들의 방패막이나 다름없던 조민수가 실각하자 문하시중 이색을 비롯한 구신 세력은 큰 타격을 입었다. 게다가 이성계 일파는 힘의 우위를 이용하여 대폭적인 조정 개편을 단행했다. 이로 인해 이성계의 사람들이 요직을 독점하자 이색은 스스로 벼슬을 버리고 고향 장단으로 낙향했다. 이것으로 고려 조정은 이성계 일파에게 장악되었다.

1389년 11월, 이성계 일파는 정몽주와 결탁하여 폐가입진廢假立眞, 즉 '가짜 왕을 폐하고 진짜 왕을 세운다'는 논리를 내세워 창왕을 폐위하고 강화도에 유배시켰다. 우왕과 창왕은 공민왕의 자손이 아니라 신돈의 핏줄이라는 것이 그 이유였다. 당시 우왕은 26세였고, 창왕은 11세 어린아이에 불과했다.

왕위가 공석이 되자 이성계·심덕부·지용기·설장수·성석린·정몽주·조준·정도전 등 아홉 사람은 남양주에 있는 흥국사에 모여 새 왕을 추대하는 일을 의논했다. 그들은 오랜 논의 끝에 고려 제20대 왕인 신종의 7대손 정창군 왕요를 새 왕으로 낙점했다.

그러나 조준이 이 결정에 강력하게 반대했다. 왕요는 부귀한 환경에서 어려움 없이 자랐기 때문에 나라를 다스릴 재목이 못 된다는 것이었다. 그리하여 투표가 실시되었고, 찬성표를 많이 얻은 46세 중년의 정창군 왕요가 그해 12월, 고려 제34대 공양왕으로 즉위했다.

허수아비 공양왕을 세우고 명실상부한 1인자가 된 이성계는 조준에게 전제 개혁을 추진하도록 지시했다.

조준은 구신 세력에게 집중되어 있던 토지를 거둬들여서 녹과전·구분전·군전 등을 설치하여 관리와 군인, 일반 백성들까지 잘 먹고 잘 사는 개혁을 의욕적으로 추진했다. 그러나 구신들의 반발이 워낙 커 전제 개혁은 계획대로 진행되지 못했다.

조준은 전제 개혁과 더불어 '재상의 권한 강화, 양반과 천민 신분제의 확립, 의창과 상평창·사창법 시행, 과거제 개편' 등 사회 전반에 걸쳐 광범위한 개혁을 추진했다.

조준의 관제 및 사회 개혁안은 정도전이 조선 초기에 시행한 개혁과 공통점이 많으며, 정도전이 지은 『조선경국전』과 『경제문감』의 편찬에도 많은 영향을 끼쳤다고 한다.

조준이 의욕적으로 개혁을 추진하고 있을 때, 이성계의 눈치만 살피며 숨죽이고 있던 구신 세력에게 가슴 철렁한 사건이 일어났다. 1390년 5월, 구신 일파인 이초와 윤이가 명 태조 주원장에게 밀서를 보낸 것이다. 그 밀서는 이성계가 명나라를 침입할 계획을 세우고 있으며, 이성계에 의해 실각한 이색과 조민수 등이 명나라가 고려를 토벌해주기를 바라고 있다는 내용이었다.

그러나 주원장은 그 밀서를 명나라에 사신으로 와 있던 순안군 왕방과 조반에게 건네주며, 고려 조정에서 진의를 파악하여 보고하라고 했다.

이 사실이 전해지자 고려 조정은 발칵 뒤집혔다. 공양왕은 사실 여부를 밝히기 위해 벼슬에서 물러나 있던 이색과 조민수 등

을 국문했다. 모진 고문에도 그들이 결백을 주장했으므로 공양왕
은 윤이와 이초의 밀서는 꾸며낸 이야기라는 결론을 내렸다. 이
사건은 그때까지도 고위직을 차지하고 있던 우현보, 권중화 등
구신 세력의 입지를 크게 약화시켰다.

공양왕은 정당문학으로 있던 정도전을 성절사 겸 변무사로 삼
아 명나라에 보냈다. 정도전은 명나라에 가서 '윤이·이초의 무고
사건'을 원만하게 해결하고 돌아와 동판 도평의사사 겸 성균대사
성으로 승진했다.

시간이 지날수록 이성계를 추종하는 세력이 늘어가자 공양왕
은 불안해지기 시작했다. 또 구신 세력도 조상 대대로 소유해온
경제적 기반인 사전을 빼앗길 상황이라 공양왕과 인척 관계를 맺
고 갖은 방법으로 재기를 도모했다.

1391년, 정도전은 이성계가 신설한 삼군도총제부 우군총제사
가 되어 병권까지 관장하게 되었다. 이성계의 비호 속에 고려 조
정의 실력자로 부상한 것이다.

정도전은 이성계의 지원을 믿고 이번 기회에 여태껏 가슴속에
묻어둔 분노를 폭발시키기로 했다. 철천지원수나 다름없는 우현
보와 그 세 아들, 단 한 번도 자신의 편이 되어주지 않은, 존경보
다는 원망이 더 많은 스승 이색을 탄핵하는 상소를 올린 것이다.

정도전이 올린 상소의 내용은 이러했다.

"우현보는 이인임과 더불어 신돈의 핏줄인 신우를 왕위에 오

르게 하였고, 이색도 조민수와 함께 우왕의 아들 신창을 옹립하여 고려의 역대 왕들과 신하들, 그리고 백성들에게 큰 죄를 범하였습니다. 이들을 마땅히 극형으로 다스려야 나라의 기강이 바로 설 것입니다.”

사적인 감정이 많이 담긴 상소였다. 정도전의 상소를 시작으로 대간에서도 연달아 비슷한 탄핵 상소가 이어지자 공양왕은 난감했다. 우현보의 맏손자인 우성범이 자기 사위였기 때문이다. 만약 우현보에게 중벌을 내린다면 사위인 우성범도 연좌되어 벌을 면치 못할 것이고, 사랑하는 딸까지도 피해를 입기 때문이었다.

조정의 공론이 이색과 우현보를 극형으로 다스리자는 쪽으로 기울자 구신 세력도 힘을 모아 반격에 나섰다. 이성계 일파의 득세를 경계하고 있던 정몽주와 힘을 합쳐 정도전을 탄핵한 것이다.

“정도전은 노비의 피가 섞인 미천한 출신인데도 공신에다 재상의 자리까지 올랐습니다. 그런데도 겉으로는 충직한 신하인 체하면서 자기의 천한 근본을 엄폐할 목적으로 본 주인인 우현보 등을 모함하여 해치려 하고 있습니다. 글로써 죄를 날조하여 수많은 사람을 연좌시켜 조정을 어지럽히고 있으니 논죄하심이 가할 것입니다.”

구신들은 다시 정도전의 혈통적 약점을 끄집어내어 집중적인 공격을 퍼부었다. 이성계의 오른팔인 정도전을 우현보의 종쯤으로 치부해버린 초강수의 반격이었다.

공양왕은 이성계가 어떻게 나올지 두려웠지만 정도전을 삭탈관직하고 봉화에 유배시켰다. 공양왕이 이처럼 과감하게 이성계의 최측근인 정도전을 내친 것은 똘똘 뭉쳐 한목소리를 내는 구신들과 정몽주를 믿었기 때문이다.

이 소식을 들은 이성계는 정도전의 행동이 지나쳤다는 생각이 들어서 일단 공양왕의 결정에 순응했다.

사실 이성계는 우현보와 아무런 감정이 없는 친근한 사이였고, 대유학자인 이색도 마음속으로 존경하고 있었다. 또한 당시만 해도 고려 왕조를 뒤엎고 신왕조를 창업하겠다는 생각은 꿈도 꾸지 않고 있었던 것이다.

상소와 맞상소: 말들의 싸움

진의를 밝혀주십시오 & 청컨대 폐위하소서

이성계의 일생에서 가장 아찔했던 순간은 해주에서 사냥 중에 당한 낙마 사건이었다. 그리고 이 사건은 결과적으로 조선 개국을 앞당기는 계기가 되었다.

이 사건이 발단이 되어 고려 왕조를 사수하려던 고려 말 충신의 대명사 정몽주는 역사에서 사라졌고, 이방원·정도전·조준·남은 등의 주도로 조선 개국에 박차가 가해졌기 때문이다.

1392년(공양왕 4) 3월, 명나라에 사신으로 갔던 공양왕의 세자 왕석이 돌아온다는 전갈이 왔다. 공양왕은 동생 왕유와 이성계에게 황해도 황주로 가서 세자를 맞아 오도록 했다.

이성계는 세자를 맞이하고 돌아오던 중에 해주에서 사냥을 나갔다. 그런데 화살에 맞은 노루를 쫓다가 말이 진창에 빠져 몸부

림치는 바람에 낙마하여 큰 부상을 입었다. 혼자서는 몸도 가눌 수 없는 중상이었다.

이 소식이 전해지자 고려 왕조 사수파인 수시중 정몽주는 하늘이 내려준 절호의 기회라고 생각했다. 정몽주는 구신의 일파로 대간 벼슬에 있던 산기상시 김진양과 서견을 은밀히 만났다. 왕에게 대신들의 비행을 규탄하는 일을 담당하고 있는 그들을 이용하려는 것이었다.

"이성계가 지금 낙마하여 병이 위중하다고 합니다. 이번 기회에 이성계를 따르는 정도전, 조준, 남은 등을 제거하고 후일을 도모합시다."

이성계가 외지에서 앓아누워 있을 때 수족이나 다름없는 조준·정도전·남은 등을 제거하면, 이성계를 제거하는 것은 식은 죽 먹기나 다름없다고 생각한 것이었다.

정몽주의 사주를 받은 김진양과 서견은 삼사좌사 조준, 유배 중인 정도전, 밀직사 남은 등 이성계의 측근 6명을 탄핵하는 상소를 올렸다.

그들이 창왕을 폐하고 공양왕을 세울 적에 공양왕은 나라를 다스릴 인물이 못 된다는 이유로 반대했다고 탄핵한 것이었다. 그런 마음을 품고 있는 자들이 조정의 고위직에 있으면 앞으로 무슨 일이 생길지 모르니 중죄로 다스려 화근을 없애자는 상소였다.

정몽주의 의도대로 공양왕은 그 탄핵 상소를 읽고 격분하여 도평의사사에서 그들의 죄를 추궁하도록 명했다. 정몽주는 구신들을 선동하여 조준 등 6명을 우선 개경에서 먼 곳으로 귀양을 보냈다. 이때 봉화에 유배되어 있던 정도전도 경상도 예천 감옥으로 이감되었다.

정몽주는 순군천호 김귀련과 형조정랑 이번 등을 국문 담당자로 지명하고, 은밀히 불러 이렇게 지시했다.

"왕명이 내리는 즉시 그대들은 서둘러 귀양지로 가서 죄인들을 일부러 심하게 국문하여 죽여버리시오. 그러면 나는 무사들을 이끌고 이성계가 개경으로 돌아오는 길목을 지키고 있다가 제거하겠소."

정몽주의 뜻대로 일이 진행된다면 이성계의 집안은 멸문지화를 당할 화급한 상황이었다. 이때 전법판서로 있던 이성계의 셋째 사위 이제가 정몽주의 계획을 알아채고 부랴부랴 이방원을 찾아갔다.

그 당시 이방원은 어머니 한씨가 전 해에 세상을 떠나서 여묘살이를 하고 있었다. 이방원은 그길로 말을 달려 이성계가 쉬고 있는 벽란도(황해도 예성강 하류의 나루)로 갔다.

"아버님, 정몽주가 지금 큰일을 꾸미고 있습니다. 여기서 머무르시다가 무슨 변을 당할지 모르니 속히 개경으로 돌아가셔야 합니다."

"포은은 절대 그럴 사람이 아니다. 너무 걱정 말아라."

사실 정몽주와 이성계는 전장을 누비며 생사고락을 함께한 동지였다.

1364년^(공민왕 13)에는 여진족 삼선·삼개가 동북면에 침입했을 때 정몽주는 동북면 병마사 이성계의 종사관으로 참전하여 화주에서 크게 물리쳤다. 또 1378년에는 판도판서로서 이성계를 따라 함경도 운봉에 침입한 왜구를 격퇴하였으며, 1383년에도 동북면 조전원수가 되어 도지휘사인 이성계를 도와 여진족과 왜구 토벌에 큰 공을 세웠다.

이러한 인연으로 이성계는 두 살 아래인 정몽주의 학식과 인품을 진심으로 존경하고 있었다. 이런 정몽주가 자신에게 칼날을 겨눈다는 것은 상상할 수도 없었던 것이다.

이성계의 태평한 모습을 보니 이방원은 안달이 났다.

"아버님, 절대 그렇지 않습니다. 정몽주가 사주한 대간의 탄핵으로 조준 대감과 남은 대감도 이미 귀양을 떠났습니다. 게다가 곧 정몽주의 수하들이 그들을 국문하기 위해 귀양지로 떠난다고 합니다. 만일 그들이 죽는다면 정몽주의 다음 목표는 아버님이 될 것입니다."

"그…… 그게 사실이냐?"

"그렇습니다. 힘드시겠지만 어서 가마에 오르십시오."

"……."

그제야 사태의 심각성을 파악한 이성계는 아픈 몸을 가마에 싣고 밤새 길을 달려 개경으로 돌아왔다. 이성계가 집으로 돌아오자 이방원은 사병을 총동원하여 집 주위를 물샐틈없이 경계했다.

이성계가 밤사이에 개경으로 돌아왔다는 말에 정몽주는 땅을 치며 통분했다. 하지만 이대로 포기할 수는 없었다.

정몽주는 다시 김진양과 서견을 시켜 공양왕에게 "이성계가 아직 병석에 있을 때 그의 수족이나 다름없는 정도전과 조준 등을 제거해야 사직을 보호할 수 있다"며 처벌을 촉구했다.

그러나 이성계의 존재를 두려워하고 있던 공양왕은 망설였다.

그사이에 이성계는 둘째 아들 방과와 동생 이화 등을 공양왕에게 보내서 정도전과 조준 등은 아무런 죄가 없으며 김진양, 서견 등이 모함한 것이라고 변호했다.

그러나 공양왕은 구신들의 끈질긴 요구에 조준, 정도전 등의 국문을 허락할 결심을 굳히고 있었다.

상황이 급박하게 돌아가자 이방원이 이성계에게 말했다.

"아버님, 이제는 정몽주를 제거하는 방도밖에 없습니다. 그래야만 우리 집안이 편안해질 것입니다."

"그게 무슨 소리냐? 포은은 이 아비의 절친한 친구이자 온 나라 백성들이 존경하는 충신이니라. 너는 더 이상 이 일에 관여치 말고 속히 네 어미의 여막으로 돌아가거라."

이성계의 방을 나온 이방원은 둘째 형 방과, 숙부 이화, 매제 이제 등을 불러놓고 말했다.

"아버님께서 제 말을 듣지 않으시니 걱정입니다. 정몽주를 죽여야만 우리 집안이 편안해집니다. 모든 책임은 내가 질 터이니 숙부님과 형님은 일이 성사될 때까지 함구해주십시오."

"알겠네!"

이방원은 즉시 휘하 문객 조영규를 불러 정몽주를 제거할 계책을 일러주었다. 조영규에게 조영무, 고여 등을 데리고 도평의사사로 가서 정몽주를 제거하도록 한 것이다.

그러나 이성계의 이복형인 이원계의 둘째 사위 변계량이 이 계획을 알아채고 먼저 도평의사사로 달려가서 스승 정몽주에게 누설하고 말았다. 정몽주는 급히 도평의사사를 빠져나와 몸을 피했다.

그다음 날 정몽주는 문병을 핑계로 버젓이 이성계의 집으로 찾아왔다. 이성계는 마음이 언짢았지만 전혀 내색하지 않고 정몽주를 극진히 대접했다.

이방원은 계획을 바꿔서 정몽주가 집으로 돌아가는 길에 습격하기로 했다. 이방원의 명을 받은 조영규, 고여, 이부 등은 정몽주의 집으로 가는 길목인 선죽교 근처에서 대기했다.

이윽고 정몽주가 전 판개성부사 유원의 문상을 마치고 집으로 돌아가기 위해 선죽교를 건너는 찰나 조영규 일당이 일거에 달려들어 살해해버렸다.

이성계는 이 사실을 알고 이방원을 불러 불같이 화를 냈다.

"네 이놈! 우리 집안은 본디 충효로써 세상에 알려졌는데, 네놈이 마음대로 충신을 죽였으니 이 나라 사람들이 나를 어떻게 생각하겠느냐? 내 절친한 친구이자 이 나라의 충신인 포은을 내 아들이 죽였으니 당장 사약이라도 마시고 죽고 싶은 심정이다."

"아버님, 소자가 정몽주를 죽인 것은 아버님을 지키고 우리 집안을 보호하기 위해서입니다. 소자는 정몽주를 죽이는 것이 아버님께 효도하는 길이라 생각했기에 그리하였습니다."

"듣기 싫다! 썩 물러가라!"

그날 이후로 이성계는 자식들 중에서 가장 뛰어난 이방원을 경계하게 되었다.

그러나 이방원이 정몽주를 살해한 뒤로 사태는 한순간에 역전되었다. 정몽주를 중심으로 똘똘 뭉쳐 있던 고려 왕조 사수파들이 뿔뿔이 흩어져버린 것이다. 또 형장의 이슬로 사라질 뻔했던 정도전과 조준, 남은 등은 생명의 위협에서 벗어날 수 있었다.

따라서 이방원은 정도전을 비롯한 여섯 명의 목숨을 구한 생명의 은인이나 다름없었다.

정몽주를 제거한 이방원은 구신 세력에 대한 반격을 개시했다. 이성계의 이름으로 공양왕에게 황희석을 보내 이렇게 아뢴 것이다.

"정몽주가 은밀히 김진양 등의 대간을 사주하여 충신들을 모함하다가 죽임을 당하였습니다. 유배되어 있는 조준, 정도전 등과 탄핵 상소를 올린 대간을 불러서 진의를 밝혀주십시오."

공양왕은 어쩔 수 없이 좌상시 김진양을 옥에 가두고 배극렴과 김사형에게 국문을 명했다. 모진 고문을 받고 김진양이 자백했다.

"정몽주와 이색, 우현보가 이숭인·이종학을 보내서 신들을 부추거 충신들인 조준 등을 탄핵하게 하였습니다."

이 한마디로 구신 세력은 고려 조정에서 자취를 감추게 되었다.

또 이색은 경기도 광주로, 우현보는 경상도 경주로, 이숭인도 개경에서 먼 외지로 유배되었다.

1392년 6월, 공양왕은 강력한 후원자였던 구신 세력이 숙청되자 생명에 위협을 느꼈다. 그래서 목숨이라도 보전할 생각으로 몸소 이성계를 병문안했다.

그날 이후 이방원은 남은과 함께 신왕조 창업 계획을 정하고 배극렴, 정도전, 조준, 조인옥, 조박 등 52명과 더불어 이성계를 신왕조의 태조로 추대할 것을 결의했다.

1392년 7월 12일, 배극렴은 많은 대신들을 대동하고 공민왕의 제4비인 정비 안씨의 처소로 찾아갔다. 그러고는 반 협박조로 아뢰었다.

"지금의 왕은 사리분별이 어두워서 임금의 도리를 잃었으며, 백성들의 마음이 이미 떠났으니, 사직과 백성의 주인이 될 수 없습니다. 청컨대 폐위하소서."

정비는 어쩔 수 없이 그들의 요구대로 공양왕을 폐위한다는 교지를 내렸다. 그 닷새 뒤인 1392년 7월 17일, 배극렴이 가져온 옥새를 이성계가 받아들임으로써 474년간 한반도를 호령했던 고려 왕조는 막을 내리고 이씨 왕조가 새로운 주인이 되었다.

조선이 건국되자 공양왕은 원주로 유배되었다가 얼마 뒤에 공양군으로 강등되었고, 1394년 삼척부로 옮겨져서 살해되었다.

포용은 멀고 복수는 가깝다

❖❖❖❖❖

그는 도량이 좁고 시기가 많으며,
옛날에 품었던 감정은 기어코 보복하려 했다.

　조선이 개국하자 정도전은 개국공신 1등에 문하시랑찬성사·
동판 도평의사사·판호조사·판상서사사·보문각 대학사·지경연
예문춘추관사·의흥친군위 절제사 등 전례가 없이 많은 요직을
겸임하며 정권과 병권을 한 몸에 안았다.

　태조 이성계의 전폭적인 지원을 받으며 의욕적으로 정사를 주
도하던 그는 마침내 오랫동안 가슴에 묻어둔 한을 표출하기 시작
했다. 핏줄 시비로 자신의 발목을 잡았던 우현보와 세 아들, 그리
고 항상 반대 입장에 섰던 스승 이색 등을 제거하기로 한 것이다.

　그러나 자신이 전면에 나서면 구설수에 오르기 십상이라 효과
적인 제거 방법을 모색했다.

　그때 마침 태조가 즉위 교서를 지으라는 명을 내렸으므로 정도

전은 속으로 쾌재를 불렀다. 정도전은 즉위 교서에 우현보와 세 아들, 이색, 이숭인, 설장수 등 10명의 죄상을 낱낱이 기재해서 극형에 처한다는 조목을 삽입했다.

태조는 정도전이 가져온 즉위 교서를 도승지 안경공에게 읽게 했다. 이윽고 그 조목이 나오자 태조가 깜짝 놀라며 물었다.

"나는 이미 죄인들에게 관대한 은혜를 베푼다고 말했는데, 어찌 감히 이와 같이 하였소?"

정도전이 읍하고 대답했다.

"전하, 그들은 모두 죽어 마땅한 대역 죄인입니다. 그들을 용서하시면 나라의 기강이 바로 서지 않습니다."

"그렇다면 내가 어찌 했으면 좋겠소?"

태조가 곤혹스러운 표정을 지으며 대책을 물었다.

정도전은 태조가 즉위 교서에 기재된 형벌 내용을 보고 어떻게 나오리라는 것을 예상하고 있었으므로 그에 대한 대책도 미리 준비해두고 있었다.

"전하께서 죄인들에게 은혜를 베푸시려면 교서에 기재된 형벌보다 조금 낮춰서 죄과를 치르도록 해야 할 것입니다."

"그렇다면 어떤 형벌이 좋겠소?"

"우선 이들의 직첩을 회수하고 서인으로 폐하십시오. 그리고 장 일백 대씩을 쳐서 죽을 때까지 귀양살이를 하도록 하는 것이 적당할 듯합니다."

"내가 이미 만천하에 죄인들에게 은혜를 베푼다고 공포했는데, 직첩만 회수하고 장형은 면하는 것이 어떻겠소?"

"그건 아니 되옵니다. 이들은 반란을 모의하여 전하를 해치려한 자들입니다. 이런 대역무도한 자들에게 아무런 형벌도 가하지 않고 용서하시면 장래에 이와 같은 자들이 나오지 않는다고 어찌 장담할 수 있겠습니까?"

"음…… 그렇다면 삼봉의 뜻대로 하시오. 허나 이색과 우현보는 나의 오랜 벗이고, 장형을 받기에는 나이가 많으니 그들만은 장형을 면해주시오."

"알겠사옵니다."

태조는 곤장 100대를 맞고는 사람이 죽지 않을 거라는 생각에 마지못해 윤허했다. 정도전은 못내 불만인 얼굴로 대전을 나와서 단짝인 판중추원사 남은이 근무하고 있는 중추원으로 달려갔다.

다음 날 정도전과 남은은 판군기감사 황거정과 상장군 손홍종·김노를 은밀히 불렀다. 이들은 바로 유배지로 가서 죄인들에게 장형을 집행할 사람들이었다.

정도전이 싸늘한 얼굴로 말했다.

"곤장 일백 대는 사람을 죽일 수도 있고 살릴 수도 있는 형벌이오. 그들이 다시는 세상에 나오지 말아야 이 나라가 평안할 것이오. 고생스럽겠지만 잘 알아서 처리하고 돌아오시오."

이 한마디로 수십 년간 혈통 시비를 걸며 정도전을 괴롭혔던 우현보의 세 아들은 불귀의 객이 되고 말았다. 전라도와 강원도에 유배되어 있던 우홍수·우홍명·우홍득이 곤장에 맞아 장살杖殺되었던 것이다.

세 아들은 처참한 죽임을 당했지만, 우현보는 태조의 배려 덕분에 구사일생으로 살아남아서 단양백이라는 관작까지 받으며 1400년(정종 2)까지 살았다.

정도전이 우현보 부자 다음으로 싫어했던 사람은 이숭인이었다. 이숭인은 정도전과 함께 이색을 스승으로 모시고 공부한 동문이었다. 그리고 이색의 제자들 중 가장 출중했던 사람도 이들 두 사람이었다.

그런데 이색은 제자들 중에서 자신과 항상 뜻을 같이했던 이숭인을 입에 침이 마르도록 칭찬했다.

"이 사람보다 뛰어난 문장은 고려에는 없다. 혹여 중국에서는 구할 수 있을지는 몰라도 결코 많지는 않을 것이다."

이 말은 이숭인의 문장 실력이 고려에서 제일이라는 극찬이었다. 이색의 말을 확인시켜주듯 명나라 태조 주원장과 중국의 사대부들도 이숭인이 지은 표문을 읽고 뛰어난 문장력에 감탄하지 않은 사람이 없었다고 한다.

그러나 이색은 이숭인에 버금가는 문장력을 가진 정도전에 대해서는 칭찬에 인색했다. 정도전은 그것이 외가 쪽으로 노비의 피가 섞인 자신의 혈통 때문이라고 생각했다.

정몽주가 피살된 뒤로 이숭인도 삭탈관직 당하고 유배생활을 하고 있었다. 그 전에 정도전은 이숭인을 여러 차례 만나 신왕조 창업에 뜻을 함께 하자고 제의했었다. 그러나 이숭인은 일언지하에 거절했고 이에 정도전은 앙심을 품게 되었던 것이다.

조선이 개국했을 때 이숭인은 전라도 순천에서 유배생활을 하다가 나주로 옮겨와 있었다. 정도전의 밀명을 받은 황거정은 곤장을 칠 군졸들을 은밀히 불렀다.

"저 자는 전하를 해치려 한 대역 죄인이다. 너희들이 곤장 일백 대를 다 치기 전에 저 자의 숨통이 끊어져야 한다. 그리하면 내가 큰 상을 내릴 것이다."

황거정의 명을 받은 군졸들은 이숭인의 척추를 집중적으로 때려서 장살시켰다.

그 다음은 존경보다는 미운 감정이 더 많은 스승 이색이었다.

당시 이색은 경기도 여주에서 유배 생활을 하고 있었다.

태조는 이색의 귀양지를 전라도 장흥부로 옮기도록 명했다. 그러자 정도전은 경기계정사 허주에게 이색을 잡아서 장흥부 인근의 무인도로 보내라고 지시했다.

허주가 고개를 갸웃하며 물었다.

"자연도에는 사람이 살지 않아서 거처할 곳이 마땅치 않습니다. 다른 섬을 찾아보시는 것이 어떻습니까?"

"내가 죄인을 섬에 귀양 보내자는 것은 호송 도중에 바다에 밀어 넣어서 아예 없애버리자는 뜻이다."

그러나 조금 뒤에 내관이 태조의 명을 받들고 와서 이색의 귀양지는 섬이 아니라 장흥으로 하라고 못을 박았다. 이색의 제거 계획이 수포로 돌아가자 정도전은 그 분풀이를 그의 아들 이종학에게 했다.

이종학은 고려의 대유학자인 이색의 맏아들답게 학문이 출중했다. 10대 후반에 과거에 급제해, 20대 후반에 재상의 반열에 오른 수재였다. 당시 이종학도 경상도 경주 인근에서 유배 생활을 하고 있었다.

정도전의 밀명을 받은 손홍종은 이종학을 형틀에 묶고 형을 집행하도록 명했다. 미리 지시를 받은 군졸들이 집중적으로 이종학의 척추를 때렸다. 이종학은 몸이 부서질 듯한 고통을 이기지 못하고 관내가 떠나가도록 비명을 질렀다.

이때 판관 김여지가 나서서 형을 중지시켰다.

손홍종이 눈을 부라리며 호통을 쳤다.

"이게 무슨 짓인가? 어명에 따라 형을 집행하는 중일세."

"상장군 나리, 형리들이 국법대로 형을 집행하지 않기에 소신이 부득이하게 정지시켰습니다."

"그게 무슨 소린가?"

"국법에 곤장은 볼기만 치도록 되어 있습니다. 그런데 저자들은 죄인의 허리 위쪽을 치고 있으니 나리께서 바로잡으시옵소서!"

"끙~! 알았네."

신출내기 판관이 끼어들어서 계획에 차질이 생기자 손홍종은 씁쓰레한 얼굴로 입맛을 쩝쩝 다셨다.

사실 김여지는 어릴 적에 이종학에게 글을 배운 제자였다. 그

조선의 역사를 바꾼 치명적 말실수

런데 정도전 등의 음모로 스승이 곤장에 맞아 죽을 수도 있다는 생각이 들어 위험을 무릅쓰고 형을 정지시켰던 것이다.

이리하여 이종학은 제자 덕분에 장살은 면하게 되었다. 그러나 손흥종은 포기하지 않았다. 수하를 시켜서 곤장을 맞고 유배처로 돌아가던 이종학을 목매달아 죽여버린 것이다.

정도전은 이처럼 자신에게 상처를 주었던 정적들에 대해 철저하게 보복했다. 그렇지만 아직도 분이 풀리지 않았다. 우현보와 이색이 버젓이 살아있기 때문이었다.

정도전은 어떻게든 그들을 제거할 생각으로 기회를 엿보았다.

얼마 뒤, 태조는 곤장을 맞은 여덟 사람이 모두 죽었다는 보고를 듣고 놀라움을 감추지 못했다. 내관을 시켜 은밀히 진상 조사에 나섰지만 아무것도 밝혀낼 수 없었다.

태조는 그 일이 정도전의 사주에 의해 이루어졌다고 짐작했다. 하지만 신왕조 조선의 기틀이 정도전의 주도로 이루어지고 있기 때문에 더 이상 캐묻지는 않았다. 다만 정도전의 다음 목표가 이색과 우현보라는 것을 잘 알았기에 그들의 동태를 시시각각으로 보고하게 했다.

사실 태조 이성계와 이색은 오랜 친구였다.

이성계는 원나라에서 과거에 급제하고 관직 생활을 하다가 공민왕 때 고려에 들어와 재상이 된 이색을 무척 존경하고 있었다. 또 이색도 여진족과 왜구의 빈번한 침입으로 나라가 위기에 처할 때마다 선봉에 서서 나라를 구한 이성계에게 좋은 인상을 갖고 있었다.

공민왕도 그들 두 사람을 무척 아꼈다.

일찍이 공민왕은 이성계가 원나라의 나하추를 물리치고 돌아왔을 때 많은 대신들을 불러 잔치를 베풀며 이렇게 말했다.

"문신엔 이색을 쓰고 무신엔 이성계를 썼으니, 내가 사람을 쓰는 것이 어떠한가?"

이처럼 공민왕은 고려의 미래를 이끌어 갈 인재로 이성계와 이색을 꼽으며 칭찬을 아끼지 않았다. 이런 인연으로 그들은 무신과 문신이라는 관계를 떠나 친구처럼, 형제처럼 친근한 관계를 유지하고 있었다.

1380년(우왕 6), 아기바투가 이끄는 왜구가 500척의 배에 나누어 타고 쳐들어와서 남해안을 휩쓸었다. 온 나라가 혼란에 빠지자 이성계는 삼도 도순찰사가 되어 운봉에서 이들을 물리쳤다.

이때 이색은 이런 시를 지어서 이성계의 공을 칭송했다.

적을 소탕하기 참으로 썩은 나무 꺾기나 마찬가지
삼한의 기쁜 기색, 그대에게 달렸소
임금 향한 그 충성에는 안개 걷혔고
청구 한반도에 떨치는 그 위엄에 바다가 잔잔하오
개선하는 빛난 자리에 무공을 칭송하는 노래요
능연각 높은 집엔 영웅의 화상 그리리라

　　　　　　　　　　　조선의 역사를 바꾼 치명적 말실수

병든 이내 몸, 교외까지 나가 맞지는 못하고
앉아서 새 시를 읊어 높은 공 송축하오

30년 가까이 이런 관계를 유지했기 때문에 태조 이성계는 어떻게든 이색을 자기 사람으로 만들고자 유배지에서 석방하고 조정에 나와서 벼슬할 것을 종용했다. 그러나 이색은 나이가 많고 건강이 좋지 않다는 이유로 정중히 거절했다.

1392년, 이색은 유배에서 풀려난 뒤로 3년간 한산·여주·오대산 등지를 돌아다녔다. 이때 태조는 변함없이 옛 친구의 예로 대접하고, 이색이 자유롭게 다닐 수 있도록 배려를 아끼지 않았다.

또 수차례 곡물 등을 하사했고, 1395년(태조 4)에는 한산백이라는 관작을 주었으며, 셋째 아들 이종선을 병조참의에 제수하기도 했다.

1396년(태조 5) 5월, 이색은 태조에게 청하여 여주 청심루 아래 여강으로 피서를 떠났다. 그러나 그날 저녁에 의문의 익사체로 발견되었다. 권근, 김숙자, 변계량 등 걸출한 제자들을 배출하여 조선 성리학의 주류를 이루게 한 대유학자의 죽음치고는 너무나 비참한 모습이었다.

태조는 절친했던 옛 친구인 이색의 사망 소식을 듣고 슬픔을 감추지 못했다. 그 며칠 뒤에 이색이 누군가의 사주로 죽임을 당했다는 말을 듣고 여주 지역 수령을 사형에 처해버렸다.

당시 대다수의 사람들은 이색을 죽게 한 배후는 정도전일 거라고 추측했다. 그러나 태조의 명을 받은 사헌부에서 이색의 죽음에 관한 진상 조사에 나섰지만 어떠한 사실도 밝히지 못했다.

어쨌든 이렇게 해서 정도전이 이를 갈던 인물들은 대부분 불귀의 객이 되고 말았다.

정도전은 개인적으로는 속 시원히 원한을 풀었지만 결국 그의 정치 인생에 있어서는 가장 큰 오점으로 기록되었다. 비록 정도전을 제거한 태종대에 씌어진 것이지만 『태조실록』의 '정도전 졸기'에는 이런 단평이 실려 있다.

"그는 도량이 좁고 시기가 많으며, 옛날에 품었던 감정은 기어코 보복하려 했다."

말은 불행의 씨앗

꧁꧂

한고조 유방이 장자방을 쓴 것이 아니라,
장자방이 한고조를 쓴 것이다.

1392년 8월, 태조 이성계는 개국공신인 정도전·조준·배극렴 등을 편전으로 불러 세자 책봉에 관한 논의를 했다.

태조에게는 정실인 신의왕후 한씨 소생의 장성한 여섯 왕자와 후실인 신덕왕후 강씨가 낳은 방번, 방석이 있었다. 그러나 신의왕후가 1391년에 세상을 떠났기 때문에 중전 자리는 후실인 신덕왕후의 차지가 되었다.

당시 맏아들인 방우는 39세였는데 이듬해에 병으로 죽었고, 후에 정종이 되는 둘째 방과는 36세였으며, 다섯째 태종 이방원은 26세의 혈기왕성한 청년이었다.

문하우시중 조준이 이방원을 염두에 두고 말했다.

"전하, 나라가 평온할 때는 적자를 세우고, 세상이 어지러울 때는 먼저 공이 있는 왕자를 세우는 법입니다."

"……."

태조는 대답 대신 쓴웃음을 지었다. 문득 이방원에게 죽은 친구 정몽주의 얼굴이 떠올랐기 때문이다.

그때 갑자기 문밖에서 여인의 통곡 소리가 들려왔다. 신덕왕후 강씨가 어전회의를 몰래 엿듣고 대성통곡을 하는 소리였다. 태조는 이 통곡 소리에 마음이 심란해져서 대신들을 물러가게 했다.

태조 이성계는 10대 후반에 함흥 지역 토호인 한경의 딸과 결혼하여 6남 2녀를 두었다. 정종 때 신의왕후로 추존된 한씨는 전형적인 현모양처였다.

함흥 운전리 본가에서 조용히 자식들을 키우며 이성계를 뒷바라지했던 것이다.

이성계가 왜구와 여진족을 토벌하고 난을 진압하는 등 나라에 큰 공을 세워서 중앙 정계에 진출하자 포천 재벽동으로 이사해 55세의 나이로 세상을 떠날 때까지 살았다. 이 때문에 남편이 왕위에 오르는 것은 보지 못했다.

계비 신덕왕후 강씨는 재상의 반열인 판삼사사 강윤성의 딸이었다. 판삼사사는 전곡의 출납과 회계에 관한 일을 담당하던 삼사의 으뜸 벼슬로 품계는 종1품이었다.

남부러울 것 없는 재상 강윤성이 사랑하는 딸을 유부남의 후실로 준 것은 이성계를 그만큼 장래가 촉망되는 인물로 평가했기 때문이다. 또한 고려 시대에는 정실과 후실의 차별이 심하지 않

조선의 역사를 바꾼 치명적 말실수

았기 때문에 주저 없이 그런 결정을 내릴 수 있었다.

강씨의 친정은 충혜왕 때부터 공민왕 때에 이르기까지 많은 재상을 배출한 권문세가였다. 강씨의 그런 든든한 배경은 변방 출신의 무장인 이성계가 중앙 정계에 진출하는 데 든든한 버팀목이 되었다.

따라서 이성계는 강씨에게 항상 빚을 지고 사는 심정이었다. 이 때문에 이미 장성한 한씨 소생의 여섯 왕자보다는 그녀가 낳은 방번, 방석, 경순공주를 각별하게 대했다.

그렇다고 해서 정실 소생의 장성한 여섯 왕자를 제쳐두고 아직 어린아이에 불과한 후실 소생의 왕자를 마음대로 세자로 책봉할 수는 없었다. 게다가 다섯째 방원은 조선을 개국하는 데 정도전이나 조준에 버금가는 많은 공을 세운 인물이었다. 만약 방원이 없었더라면 조선 개국은커녕 정몽주 일파에게 온 집안이 몰살당할 수도 있었다.

그 당시 대부분의 사람들은 세자는 당연히 다섯째 방원이 책봉될 것으로 믿고 있었다. 그러나 태조는 방원을 세자로 책봉하기를 주저했다. 아버지의 절친한 친구인 정몽주를 주저 없이 살해한 방원이 왕위에 오른다면, 이복동생들을 가만두지 않을 거라는 불안감이 자리하고 있었던 것이다.

편전을 나온 배극렴이 정도전과 남은에게 말했다.

"중전께서 당신 소생의 왕자를 후사로 삼았으면 하는 모양입니다. 전하의 의중도 그런 것 같고……."

"소생도 그렇게 느꼈습니다."

"그렇다면 삼봉 대감께서는 두 왕자 중에서 누가 세자로 적합한 것 같습니까?"

"음…… 보아하니 방번은 성정이 너무 난폭해서 나라를 다스릴 재목이 못 되는 것 같고, 차라리 막내인 방석이 조금 나은 것 같습니다."

"……."

정도전의 말에 두 사람은 고개를 끄덕였다.

며칠 뒤 태조는 다시 공신들을 편전으로 불렀다.

"왕자들 중에 누가 세자로 적합한지 말씀해보시오."

조준이 입술에 침을 비르고 말을 꺼내려는 순간이었다.

"소신의 생각으로는 막내 왕자님이 좋을 것 같습니다."

태조의 의중을 간파하고 있던 문하좌시중 배극렴이 먼저 나서서 아뢰었다.

"방번이 아니고 방석이라? 삼봉 대감의 생각은 어떻소?"

이성계는 배극렴의 옆자리에 앉은 정도전의 의중을 떠보았다.

"소신도 성정이 차분하신 막내 왕자님이 적임자라고 생각합니다. 잘 훈육하면 성군으로 성장하실 것입니다."

"소신들도 삼봉 대감의 말씀이 지당하다고 생각합니다."

남은과 심효생 등도 적극적으로 찬성 의사를 밝혔다.

태조가 고개를 끄덕이면서 말했다.

"여러 대감들이 그렇다면 믿어야지요. 그럼 삼봉 대감이 우리 방석이를 성군의 재목으로 잘 가르쳐주시오."

이로써 신왕조 조선의 세자는 후실 강씨가 낳은 12세 막내 왕자로 결정되었다. 조준을 비롯한 몇몇 대신은 쓴웃음을 지으며 그 결정에 순응할 수밖에 없었다.

정도전과 비등한 공을 세운 조준은 개국공신 1등에 문하우시중(우의정)의 자리에 있었다. 하지만 많은 실권을 가진 정도전에 비하면 한낱 허울 좋은 벼슬에 불과했다. 게다가 차기 왕위를 이을 세자까지 정도전의 의도대로 되었으니 앞날이 걱정되었다. 조준은 편전을 나오면서 이제부터는 정도전과 일정한 거리를 두어야 겠다고 생각했다.

세자가 막내 방석으로 결정되었다는 소식을 들은 정안군 이방원은 땅을 치며 길길이 날뛰었다. 첫째는 정실 한씨 소생의 왕자들이 세자 책봉에서 정도전 일파에게 철저히 배제되었고, 둘째는 자신이 조선 개국에 많은 공을 세우고도 개국공신이 되지 못했기 때문이었다.

그렇지만 이미 정도전 일파가 태조의 절대적인 신임 아래 정권과 병권을 장악하고 있었다. 이런 상황에서 섣불리 나섰다가는 정도전 일파에게 반역자로 몰릴 수도 있는 상황이므로 이방원은 철저히 몸을 낮췄다.

당시 태조는 정도전의 말이라면 팥으로 메주를 쑨다고 해도 믿을 정도로 절대적으로 신임했다. 무장 출신인 태조는 국가 경영에는 문외한이나 마찬가지라 실질적인 정국 운영은 정도전이 한다고 해도 과언이 아니었다.

사실이 그랬으므로 정도전은 가까운 지인들과 술이라도 한잔 하게 되면 기고만장하여 자신의 공을 내세우곤 했다.

"한고조 유방이 장자방을 쓴 것이 아니라, 장자방이 한고조를 쓴 것이다."

이 말은 곧 정도전이 고려를 무너뜨리고 조선을 건국하기 위해 서 태조 이성계를 이용했다는 뜻이었다. 만약 다른 사람이 이런 말을 했다면 목이 열 개라도 살아남지 못할 위험천만한 발언이었 다. 하지만 정도전의 말에 이의를 제기하는 사람은 아무도 없었 다. 그만큼 정도전을 따르는 무리가 조정의 요직을 두루 장악하 고 있었던 것이다.

배극렴은 대신으로서는 최고 관직인 문하좌시중^(좌의정)이었고, 남은은 대통령 비서실장 격인 판중추원사와 군의 요직인 의흥친 군위 동지절제사를 겸임하고 있었으며, 심효생도 사헌부의 요직 인 사헌중승으로 있었다.

따라서 정도전 일파에게 요주의 인물로 분류되어 있는 정안군 이방원은 그 입지가 고려 말기보다도 훨씬 좁아져 있었다.

이방원은 절치부심 정도전을 제거할 기회를 엿보며, 정도전의 반대 세력인 조준 등과 연대를 강화했다.

정무적 판단과 결정적 말실수

❖❖❖❖

너는 왜 상복을 입었느냐?
얼마 전에 소신의 나라 국모께서 승하하셨다고 합니다.
그래서 상복을 입었사옵니다.

정도전이 요동 정벌이라는 무리수를 두게 된 결정적 원인은 표전 문제 때문이었다. 표전은 조선과 명나라의 왕가에서 주고받는 편지를 말하는데, 조선 건국 초기 명나라에 보낸 표전이 세 번이나 문제를 일으켰던 것이다.

그중에서도 1396년^(태조 5) 2월의 정조 표전이 가장 큰 문제를 일으켰는데, 전문은 판전교시사 김약항이 짓고, 표문은 성균대사성 정탁과 정도전이 지은 것이었다.

명나라 태조 주원장은 표전의 글귀가 경박하고 상국인 명나라를 모멸하는 구절이 있다는 이유로 사신으로 간 정총과 노인도 등을 구금했다. 그러고는 표전을 지은 정도전 등을 명나라로 소환하라고 요구했다.

조선 조정에서는 정탁과 정도전은 몸이 아파서 도저히 갈 수 없다는 핑계로 권근과 김약항 등만 보냈다. 사신으로 간 권근이 자진해서 표전을 짓는 데 간여했다고 말하자 주원장은 화를 풀고 이들을 융숭히 대접했다.

1396년 11월, 조금 화가 풀린 주원장은 조선 사신들을 모두 돌려보내기로 결심하고 화려한 중국 옷을 선물했다. 짐을 꾸린 사신들이 황제에게 하직 인사를 하려고 황실을 찾았다. 그런데 권근 등은 주원장이 하사한 화려한 중국 옷을 입었지만 정총은 하얀 상복 차림이었다.

주원장이 대로하여 물었다.

"너는 왜 상복을 입었느냐?"

"얼마 전에 소신의 나라 국모께서 승하하셨다고 합니다. 그래서 상복을 입었사옵니다."

"뭐, 뭐라! 대명국 황제가 조선의 국모만도 못하단 말이냐?"

"그, 그게 아니오라……."

"여봐라! 황제를 능멸한 저놈을 당장 하옥하라!"

며칠 뒤, 성질이 불같은 주원장은 권근만 돌려보내고 정총, 김약항, 노인도를 참형에 처해버렸다.

이 사건으로 명나라와 조선의 관계는 극도로 악화되었다.

명나라는 그 후로도 계속해서 정도전의 입조를 요구했다. 그러나 정도전은 각기병 등이 있다는 핑계로 번번이 소환에 불응했다. 태조도 정도전이 명나라에 가면 십중팔구 살아 돌아오기 어렵다고 판단해서 억지로 보낼 마음이 없었다.

시간이 지날수록 조·명 관계가 악화되자 조정 대신들이 술렁거리기 시작했다. 정도전은 이 난관을 어떻게 극복할지 고민에 빠졌다. 그래서 며칠 동안 두문불출하며 그 해결책을 찾았다. 그리고 마침내 정도전은 결단을 내렸다. 명나라의 내정간섭을 도저히 묵과할 수 없다며 요동 정벌을 주장했던 것이다.

그러나 정도전의 이 결정은 국가를 위해서라기보다는 위기에 몰린 자신이 살아남기 위해서 내린 얼토당토않은 무리한 결정이었다. 그 당시 명나라는 유럽까지 제패했던 칭기즈칸의 원나라를 멸망시킨 초강대국이었다. 그런 강대국과 아직 국가의 기틀도 마련되지 않은 조선이 정면대결을 하겠다는 것은 달걀로 바위를 치는 격이었다.

정도전은 누구보다도 그 사실을 잘 알고 있었지만 어차피 꺼낸 말이라 계획을 밀어붙였다. 태조 2년에 설립한 의흥삼군부의 수장으로서 병권은 이미 그의 수중에 있었기 때문에 태조의 윤허만 받으면 되었다.

정도전은 특유의 말재주로 태조에게 요동 정벌의 당위성을 주장했다. 정도전의 말이라면 팥으로 메주를 쑨다 해도 믿는 태조도 이번에는 순순히 허락하지 않았다. 평생을 전쟁터에서 살아온 태조의 눈에 그것은 자살 행위로밖에 보이지 않았던 것이다.

그러나 정도전도 가만히 물러서지 않았다. 정도전 일파의 삼총사인 남은, 심효생 등을 동원하여 시도 때도 없이 요동 정벌을 윤허해 달라고 주청했던 것이다.

당시 태조는 사랑하는 계비 강씨를 잃은 충격으로 병석에 누워 있었다. 그 때문에 만사가 귀찮아서 정도전 일파의 요동 정벌 계획을 윤허하고 말았다.

태조의 허락이 떨어지자 정도전은 전군에 비상령을 선포하고 군량미를 확보하도록 지시했다. 그리고 자신이 직접 지은 「진도」에 따라 전군에 진법 훈련을 실시하게 했다.

당시 군사들은 농번기가 되면 농사일을 병행했기 때문에 군사 훈련은 일시적으로 중지하거나 그 강도를 약화시켜주었다. 그러나 정도전은 힘든 농사일을 마치고 돌아온 군사들까지도 예외 없이 혹독한 진법 훈련을 시켰다. 이 때문에 초주검이 된 군사들은 정도전의 이름만 들어도 이를 부득부득 갈았다.

1398년(태조 7) 8월, 계비 강씨를 잃은 후로 시름시름 앓던 태조의 병환이 크게 악화되었다. 정도전은 이번 기회에 왕자·종친·공신 들이 보유하고 있는 사병을 혁파하여 기세를 꺾기로 했다. 그들이 보유하고 있는 사병만 믿고 요동 정벌 계획에 비협조적이었기 때문이다.

정도전은 먼저 태조를 가까이에서 보필하던 산기상시 변중량 등을 시켜 상소를 올리게 했다. 즉, 왕자와 종친, 공신 등이 보유하고 있는 사병을 중앙군에 편입해서 군사력을 극대화하자는 것이었다. 고려 말처럼 시절이 어수선하지 않고 나름대로 태평성대를 누리고 있으니 굳이 개인들이 사병을 보유할 필요가 없다는 것이었다.

태조는 병이 깊어서 냉정하게 판단할 입장이 아니었으므로 상소대로 윤허했다. 정도전은 기다렸다는 듯 발 빠르게 군사들을 동원하여 왕자·종친·공신 들의 사병을 회수했다. 마른하늘에 날벼락이라고 세력 기반인 사병을 잃게 된 왕자와 종친 들이 크게 반발했다. 그러나 이미 태조의 어명이 내려진 상태라 그들의 반발은 찻잔 속의 태풍으로 끝나고 말았다.

그러나 정안군 이방원은 냉정했다. 만일의 사태에 대비하여 형식적으로 사병을 없애고 병장기는 따로 숨겨놓았다. 이 모든 일은 부인 민씨와 처남인 민무구·민무질이 담당했다.

정도전은 모든 일이 뜻대로 이루어지자 더 큰 야심을 갖게 되었다. 이번 기회에 아예 강씨 소생의 두 왕자만 남겨두고 눈엣가시 같은 한씨 소생의 다섯 왕자와 종친들을 없애버리기로 한 것이다.

1398년 8월 하순, 정도전은 대궐 근처에 있는 남은의 집으로 찾아갔다. 그 집은 남은이 총애하는 애첩의 집이었다. 청지기를 따라 사랑으로 들어서니 심효생과 남은이 반갑게 맞았다. 심효생은 세자 방석의 장인이었기 때문에 이들 세 사람은 자주 어울렸던 것이다.

정도전은 청지기에게 사랑 근처에는 아무도 얼씬거리지 못하게 하라고 당부하고 자리에 앉았다.

"이제 한씨 소생의 왕자들과 종친들은 사병을 잃어서 아무런 힘이 없습니다. 이번 기회에 아예 모두 제거해버립시다. 그러면 세자께서 보위를 이어받아도 안심하고 정사를 펼칠 수 있을 것입니다."

"좋은 생각입니다. 하지만 저들이 살고 있는 집이 각각 다른데 어떻게 한꺼번에 없앨 수 있겠습니까?"

"지금 전하께서 병중이시니 병환이 위중하다고 부르면 모두 달려올 것입니다. 그때 한꺼번에 없애버립시다."

그들은 모의를 마치고 술을 마시기 시작했다.

그때 남은의 애첩이 한 중년 사내를 데리고 들어왔다.

"대감, 이자가 장안에서 용하기로 소문난 안식이라는 점쟁이입니다. 심심풀이로 점이나 한번 쳐보시지요."

"점이라? 그거 재미있겠소이다."

술기운이 제법 오른 정도전이 점쟁이에게 말했다.

"네놈이 용한지 아닌지 내가 시험을 해봐야겠다."

정도전은 피식 웃고 종이에다 단숨에 일곱 왕자들의 사주를 적었다. 그러고는 점쟁이에게 종이를 내밀며 사주를 보게 했다. 사주가 적힌 종이를 유심히 들여다보던 점쟁이의 안색이 창백해졌다.

정도전은 궁금증이 가득한 얼굴로 물었다.

"갑자기 왜 그러느냐?"

"대감마님, 이분들 중에 두 분은 용상에 오를 분입니다."

조선의 역사를 바꾼 치명적 말실수

"한 사람이 아니라 두 사람이란 말이냐?"

"그렇습니다. 첫째 사주와 넷째 사주를 가진 분들이 용상의 주인이 될 것입니다."

첫째 사주의 주인은 태조의 2남인 영안군 방과였고, 넷째 사주는 5남인 정안군 방원의 것이었다. 점쟁이의 그 말에 잠시 정적이 흘렀지만 이내 방 안이 웃음바다로 변했다.

정안군 이방원이 용상을 차지한다면 누구나 수긍을 하겠지만 우유부단한 영안군 이방과가 용상에 오른다는 말에 절로 웃음이 나왔던 것이다.

그러나 정도전은 이내 정색을 하고 물었다.

"그렇다면 두 사람 중에 누가 먼저 용상에 오르겠느냐?"

"소인이 그것까지는 잘 모르겠습니다."

"저 둘을 용상에 오르지 못하게 하려면 어떤 방책을 써야 하느냐?"

"그, 그건 천명이라…….."

점쟁이는 정도전의 계속되는 질문에 어쩔 줄을 몰라 했다.

정도전이 점쟁이를 쏘아보며 싸늘하게 말했다.

"용상에 오르지 못하게 하는 방법은 간단하다. 죽여버리면 되는 것이다. 저들은 곧 죽게 될 터이니 용하다는 네놈 점괘가 오늘은 틀린 모양이다. 그만 돌아가거라."

점쟁이는 절을 하고 도망치듯 방을 나갔다.

점쟁이는 허겁지겁 대문을 나와서 가슴을 쓸어내리며 심호흡을 했다. 그리고 잰걸음으로 모퉁이를 돌아섰다. 그때 갑자기 장검을 든 거한 둘이 길을 막았다.

"왜, 왜 이러시오?"

"점쟁이가 그것도 몰라? 잔말 말고 따라와!"

그들은 태조의 이복동생인 의안군 이화의 호위무사들이었다. 이화의 명령으로 정도전을 뒤따라왔다가 마침 그 집에서 나오는 점쟁이를 붙잡았던 것이다.

이화의 집으로 끌려온 점쟁이는 남은의 애첩 집에서 있었던 일을 모조리 실토했다. 이화는 즉각 그 사실을 이방원에게 알려주었다.

그날 이후로 이방원은 정도전 일파의 일거수일투족을 주시했다. 또 만일의 사태에 대비하여 행동을 함께하기로 한 충청도 관찰사 하륜, 안산군수 이숙번 등과 긴밀히 연락을 주고받았다.

그로부터 며칠 뒤, 다시 남은의 애첩 집에 사람들이 모여들었다. 그들은 도진무 박위, 좌부승지 노석주, 우부승지 변중량, 전 참찬문하부사 이무, 그리고 남은과 심효생이었다.

정도전이 노석주와 변중량을 번갈아 보며 말했다.

"거사일은 26일 밤으로 정하였소. 그대들은 그날 왕자들과 종친들에게 사람을 보내 전하의 병환이 위중하시니 즉시 입궐하라고 이르시오."

"잘 알겠습니다."

정도전은 이번에는 비장한 눈으로 박위를 바라보았다.

"박 대감께선 그들이 모두 도착하면 갑사를 시켜 제거하시오. 저들의 무예가 출중하니 단번에 해치워야 하오."

박위가 불안감이 가득한 얼굴로 물었다.

"만일 저들이 반격을 해오면 어떻게 합니까?"

"저들은 이미 목숨이나 다름없는 사병을 잃었소. 정안군이 좀 꺼림칙하지만 이미 사병들의 무장을 해제시켰으니 크게 문제 되지는 않을 것이오."

정도전의 말이 끝나자마자 남은이 끼어들었다.

"박 대감, 대궐 바깥일은 걱정하지 않아도 되오. 삼봉 대감과 내가 대궐 근처에는 어느 누구도 얼씬거리지 못하도록 조처할 것이니, 계획대로 잘 결행해주시오."

모의가 끝나자 태조를 측근에서 보좌하는 변중량과 노석주, 박위는 비장한 얼굴로 방을 나갔다.

곧바로 주안상이 들어왔다. 정도전이 풀 죽은 얼굴로 앉아 있는 이무에게 술을 권했다.

"이 대감, 본의 아니게 미안하게 됐소이다. 이번 일만 잘 처리되면 곧 관직이 회복될 것이니 기분 좋게 마셔봅시다."

그제야 이무가 환한 얼굴로 술잔을 들었다. 이무는 고려 말에 문과에 급제하여 공양왕 때는 벼슬이 재상의 반열인 동지 밀직사사에 이르렀다. 그래서 정도전 등의 신흥 세력보다는 고려 왕조 사수파인 정몽주의 편에서 활동했다. 그 때문에 정몽주가 이방원에게 살해당한 뒤에는 관직을 삭탈당하고 유배 생활을 했다. 조선이 개국한 뒤에 태조의 배려로 사면을 받아 관직 생활을 시작하였고, 정도전의 편에서 활동하며 벼슬이 참찬문하부사에 이르렀다.

그러나 정도전이 요동 정벌을 위해 실시하던「진도」를 익히지 않았다는 이유로 파직되었다. 정도전의 지시를 받은 대사헌 성석용이 왕자들과 종친들, 그리고 개국공신들이 진법 훈련에 참여하지 않는다는 이유로 상소를 올렸는데, 그들은 모두 무죄를 받고 이무만 파직되었던 것이다.

그날 이후로 정도전에게 서운한 마음을 갖게 되었지만 위로의 말을 들으니 기분이 좋아져서 권하는 대로 술을 마셨다. 이무는 밤이 이슥해서야 집으로 돌아왔다. 잠자리에 들었지만 잠은 안 오고 이런저런 잡생각만 떠올랐다.

계획대로 일이 성사된다면 정도전은 지금보다 더 큰 권력을 갖게 된다. 게다가 세자 방석은 어려서부터 정도전을 스승으로 모시고 군왕이 되는 교육을 받아왔다. 그런 세자가 보위를 이어받는다면 정도전의 권력은 더욱 탄탄해질 것이다. 그런데 그때 가서도 과연 정도전이 나를 지금처럼 생각하고 요직에 등용해줄 것인가? 이무는 이런저런 생각을 하다가 새벽녘에야 잠이 들었다.

다음 날 해가 중천에 떴을 때 이무는 잠자리에서 일어났다. 청지기가 손님이 찾아왔다고 알렸다. 손님은 다름 아닌 이방원의 둘째 처남 민무질이었다. 민무질의 아내와 이무가 가까운 인척이었기 때문에 자주 내왕하였던 것이다.

민무질은 태조와 정도전에게 강한 불만을 가지고 있었다. 형 민무구와 함께 매형 이방원을 도와 조선이 개국하는 데 많은 힘을 보탰는데, 정도전의 견제로 이방원이 세자로 책봉되지 못했기 때문이다.

이무는 민무질과 이런저런 얘기를 나누면서 점차 정도전보다는 이방원의 편에 서는 것이 출세가 더 빠를지도 모른다고 생각했다. 그래서 민무질에게 넌지시 말을 흘렸다.

"정도전과 남은 등이 뭔가 흉계를 꾸미고 있는 것 같소."

"그렇다면 저와 함께 정안군 댁으로 가서 자초지종을 알려주시오. 그러면 정안군께서 대감을 중히 쓰실 것입니다."

이무는 민무질을 따라 이방원의 집으로 갔다. 이무와 이방원은 그동안 서로 이름만 알았지 대면하기는 처음이었다.

"정안군 대감, 남은과 정도전이 주상 전하의 병환이 위중한 것을 이용하여 왕자와 종친들을 해치려 하고 있습니다. 대감께서 먼저 그들을 치는 것이 좋을 것입니다."

"예상은 하고 있었소. 그날이 언제일 것 같소."

"소생도 아직 그 날짜는 모릅니다."

이무는 돌아가는 정황을 봐서 유리한 편에 설 생각으로 일부러 거사일은 알려주지 않았다. 정도전과 절친한 이무의 밀고를 듣고 이방원은 측근인 하륜과 이숙번에게 사람을 보내 만반의 준비를 갖추도록 했다.

그로부터 엿새 뒤, 이무가 다시 이방원의 집을 찾았다. 수하들을 시켜 어느 편이 유리한지 동태를 살피다가 무사태평한 정도전보다는 치밀하게 계획을 세우고 있는 이방원에게 더 승산이 있다고 판단한 것이다.

그러나 이방원은 집에 없었고 민무질이 대신 맞았다. 그 당시 이방원은 태조의 병세가 심상치 않아서 형제들과 함께 근정전 문밖에 있는 처소에서 대기하고 있었다.

민무질을 따라 사랑으로 들어선 이무가 다급하게 말했다.

"큰일 났소. 저들이 오늘 밤에 거사할 모양이오. 이 사실을 어서 정안군께 알려야 할 텐데……."

"알았소. 내가 알아서 처리할 테니 대감은 여기서 기다리시오."

민무질은 이 사실을 누나에게 알렸다. 남자 못지않은 결단력과 지략을 가진 그녀는 종 김소근을 불러 지시했다.

"너는 지금 즉시 대궐로 달려가서 대감을 모셔오너라. 내가 배가 몹시 아파서 죽을지도 모른다고 하면 금방 오실 게다."

김소근은 말을 타고 대궐로 달려가서 마님의 지시대로 이방원에게 아뢰었다. 이방원은 망설였다. 형제와 종친 들이 모두 병환이 위중한 아버지의 병상을 지키고 있는데, 아내가 아프다는 핑계로 집으로 돌아가는 것이 모양새가 좋지 않았기 때문이다.

그때 숙부 이화가 다가와서 뭔가 내밀었다. 상비약으로 몸에 지니고 있던 청심환이었다.

"이 약이 도움이 될지 모르겠네. 여기는 우리가 지킬 터이니 걱정 말고 어서 가서 질부의 병을 다스리게."

"……."

이방원은 득달같이 말을 달려 집으로 돌아왔다.

대문으로 들어서자 애타게 기다리던 부인과 민무구, 민무질 두 처남이 반갑게 맞았다. 이무를 통해 정도전의 거사 계획을 알게 된 이방원이 말했다.

"이 대감은 지금 즉시 정도전 등이 모여 있는 곳으로 가서 거사 시각을 늦춰주시오. 나는 대궐로 돌아가서 이 사실을 형제들에게 알려야겠소."

이무가 돌아가자 이방원이 민무구에게 지시했다.

"자네는 이숙번에게 은밀히 연락해서 군사들을 데리고 신극례의 집에서 대기하도록 하게."

"분부대로 거행하겠습니다."

그 당시 안산군수 이숙번은 수백 명의 군사들을 이끌고 서울로 올라와 있었다. 태조의 계비 강씨의 무덤인 정릉에서 물이 나오자 조정에서 이숙번을 시켜 다른 곳으로 이장하게 했던 것이다.

이때 이방원의 장인 민제와 절친했던 하륜이 안산군수 이숙번을 이방원에게 소개했다. 이방원은 아직 서울에 머물러 있는 그 군사들을 이용하여 정도전 일파에 대항하고자 했던 것이다. 또 정도전의 견제로 충청도 관찰사로 좌천된 하륜도 군사들을 이끌고 진천에 머물다가 연락이 오는 즉시 출정하기로 사전 약속이

되어 있었다.

이방원이 대궐로 돌아가려고 말 위에 오르자 부인 민씨가 옷자락을 당기며 말했다.

"너무 위험하니 가지 마십시오."

"그게 무슨 말씀이오? 형님들이 사지에 있는데, 나만 살겠다고 모른 체하란 말이오?"

"그러면 부디 몸조심하십시오."

부인 민씨는 못내 불안한 얼굴로 이방원을 배웅했다. 이방원이 대궐로 돌아가자 부인 민씨는 동생들과 함께 숨겨두었던 병장기와 말들을 준비시켰다.

이방원이 대궐에 도착했을 때는 날이 어둑어둑했다. 이방원은 종 김소근에게 종친들이 대기하고 있는 근정전 서쪽 행랑 뒤에서 말과 함께 대기하라고 했다. 이방원이 방으로 들어서자 형제들이 반갑게 맞았다. 그때 내시 윤귀가 나와서 말했다.

"전하께서 병세가 위중하여 다른 곳에서 요양하여야 하니 모든 왕자는 다 들어오시오. 데려온 수하들은 모두 물리고 왕자들만 들어오라고 하셨소."

그 말에 왕자와 종친 들이 뜰로 나갔다. 그러나 이방원은 일부러 걸음을 지체하며 주위를 살폈다. 다른 때와 달리 궁중의 여러 문에 밝혀져 있던 등불이 꺼져 있었다.

이방원은 앞서가는 셋째 형 방의, 넷째 형 방간, 매형 이백경에게 다가가 뭔가 심상치 않은 일이 벌어질 것 같다고 귀띔했다. 그러고는 배가 아프다는 핑계를 대고 행랑 문밖에 있는 화장실로 들어갔다. 잠시 뒤 형들과 매형이 뒤따라 나오자 이방원은 대기 중인 말을 타고 경복궁 서문인 영추문을 통해 대궐을 빠져나왔다. 그러나 말을 집으로 돌려보낸 방의 등은 이방원을 따라 뜀박질로 대궐을 빠져나왔다.

이방원은 득달같이 집으로 돌아와서 이숙번을 불러 군사들을 무장시키도록 했다. 이숙번은 근처에 있는 군기감을 습격해서 갑옷과 병장기 등을 탈취하여 군사들을 무장시켰다. 그러고는 재빨리 경복궁을 포위했다. 뒤이어 민무구와 민무질의 연락을 받은 이거이·조영무·신극례 등이 수하들을 데리고 이방원의 군대에 합류했다.

이방원은 정사의 당위성을 주장하기 위해 정도전과 반대 입장이던 좌정승 조준과 우정승 김사형을 정사의 현장으로 불렀다. 군대가 갖춰지자 이방원은 정도전 일파가 모여 있는 남은의 애첩 집으로 향했다. 척후병을 보내 살펴보니 그들은 아직 이방원이 군사를 일으킨 사실을 모르고 있었다. 집 안에서는 웃음소리가 끊이질 않았고, 그들을 수행해 온 종들은 마당에서 꾸벅꾸벅 졸고 있었다.

이방원은 군사들에게 그 집을 포위하게 하고, 이숙번에게 불화살을 쏘게 했다. 그와 동시에 그 집 주위에 있는 세 집에도 불을 질렀다. 집 주위가 순식간에 불바다로 변하자 여기저기서 비명이 흘러나왔다. 그것을 신호로 군사들이 그들을 향해 화살을 퍼부어 댔다.

이방원의 군사들이 집으로 들어서자 정도전과 남은 등은 벌써 달아나고 없었다. 미처 도망치지 못한 심효생과 이근 등은 성난 병사들의 칼날에 목숨을 잃었다.

그때 이무가 마당을 엉금엉금 기어와서 이방원에게 말했다.

"정안군! 왜 약속을 어기셨소. 내가 화살을 맞았소!"

"군사들에게 명을 내려 이무와 박포의 이름을 들으면 쏘지 말라고 명하였소. 그런데 왜 '나는 이무다'라고 외치지 않았소?"

"그, 그야 경황이 없어서……."

이무가 말을 얼버무렸다. 만약 정세가 정도전에 유리하면 그쪽에 붙을 생각이었던 것이다. 그때 이웃집에서 봉상시 판사 민부가 소리쳤다.

"배가 불룩하게 나온 사람이 우리 집에 들어왔다!"

이방원은 그가 정도전이라는 것을 직감하고 종 김소근을 시켜 그 집을 샅샅이 수색하게 했다. 잠시 뒤, 침상 밑에 숨어 있던 정도전이 김소근에게 끌려 나왔다.

정도전은 자신의 패배를 인정하고 눈을 감았다.

이방원은 조선 개국 후 7년 동안 자신을 철저히 짓밟았던 정도전의 목을 베었다. 그러고는 정도전의 네 아들도 날쌘 군사들을 집으로 보내 제거했다. 정도전에게 변고가 생겼다는 소식을 들은 정유와 정영은 집을 나오다가 병사들에게 살해되었고, 정담은 스스로 자결했다.

그 비슷한 시각에 집을 빠져나와 도망쳤던 남은은 순검들이 파수를 보던 포막에 숨어 있다가 군사들에게 발각되어 죽임을 당했다. 그리고 이직은 지붕에 올라가서 하인처럼 불을 끄는 시늉을 하여 겨우 목숨을 구했다.

이것으로 조선 개국 후 7년 동안 정권을 좌지우지하던 정도전 일파는 모두 제거되었고, 정안군 이방원을 중심으로 또다시 정권이 재편되었다. 이방원은 그 기세를 몰아 도진무 박위 등 정도전의 잔당을 모조리 소탕하고 좌정승 조준, 우정승 김사형을 시켜 백관들을 거느리고 태조를 배알하게 했다.

병 때문에 운신이 힘든 태조는 대신들의 압박에 어쩔 수 없이 세자 방석을 폐했다. 그리고 이방원의 요청대로 둘째인 영안군 이방과를 세자로 책봉했다.

며칠 뒤, 방번과 방석은 귀양지로 가는 도중에 이방원의 수하들이 보낸 자객에 의해 살해되었고, 셋째 사위 이제도 살해되었다. 이것으로 조정을 장악한 이방원은 자신을 도와 난을 승리로 이끈 사람들을 정사공신으로 책봉하고 벼슬도 높여주었다. 정도전과 이방원 사이를 오락가락하던 이무는 참찬문하부사 겸 의흥삼군부 좌군절제사로 복직되었고, 정사공신 1등에다 단산 부원군이라는 관작까지 받았다.

그 2년 뒤, 정종의 양위로 조선 제3대 임금으로 등극한 태종은 이무의 공을 잊지 않고 우정승으로 승진시켰다. 그러나 민무구의 옥사가 일어나자 민무질과 가까운 인척이라는 이유로 끝내 처형되고 말았다.

이상의 글은 『조선왕조실록』과 『연려실기술』 등에 기록된 내용이다.

그러나 이 내용이 모두 사실이라고 단정하기에는 무리가 따른다. 그 이유는 「태조실록」이 정도전과의 정권 다툼에서 승리한 태종 시대에, 그것도 정도전과 앙숙 관계에 있던 하륜의 주도로 편찬되었기 때문이다.

그렇지만 "아니 땐 굴뚝에 연기 나랴."라는 옛 속담처럼 이 내용이 모두 정도전에게 불리한 쪽으로 창작되었다고 볼 수도 없다. 정도전의 과거 행적을 면밀하게 살펴보면 독선적이고 안하무인격인 언행을 여러 군데서 발견할 수 있기 때문이다.

따라서 이방원이 왕위에 오르는 데 결정적인 역할을 한 '제1차 왕자의 난'은 정도전이 평소에 내뱉는 말투나 점쟁이에게 내뱉은 말실수 때문에 빚어진 잘 짜인 한 편의 시나리오라고 할 수 있을 것이다.

태조 이성계가 조선 건국 초기에 정도전에게 정권을 맡기다시피 한 것은 한마디로 그가 모든 면에서 역량이 뛰어났기 때문이었다. 정도전은 지원을 아끼지 않은 태조의 믿음에 부응하여 많은 치적을 남겼다. 조선 개국 후에 사은사 겸 정조사로 명나라에 가서 조선 개국의 당위성을 알리고 명나라의 간섭을 차단했다.

1394년^(태조 3) 한양천도 때는 궁궐과 종묘의 위치 및 도성의 기지를 결정하고 궁·문의 모든 칭호를 정했다. 또『조선경국전』을 찬진하여 법제의 기본을 세웠으며, 이듬해에는 정총 등과『고려국사』37권을 찬진하였고,『경제문감』을 저술하여 재상·대간·수령·무관의 직책을 구체적으로 밝혔다. 1397년에는 동북면도 선무순찰사가 되어 성을 수축하고 역참을 신설했으며, 군현의 지계 地界를 확정했다.

정도전은 이외에도 유학의 대가로서 군사·외교·행정·역사·성리학 등 여러 방면에서 활약하였고,『불씨잡변』을 저술하여 척불숭유를 국시로 삼게 하여 유학의 발전에 크게 공헌했다. 글씨에도 뛰어났던 그는 자신의 문집인『삼봉집』등 많은 저술을 남겼다.

Part 2

함부로 쏜 화살이 부른
민무구 4형제의 죽음

"신은 세자 외에는 왕자 가운데 뛰어난 자가
없어도 좋다고 생각합니다. 그런 아들은 나중에
반드시 말썽을 일으키기 때문입니다."

상대방의 말에 귀를 기울이고 또한 그 사람의 눈을 잘 지켜보면

그 사람의 성격을 파악할 수 있다.

아무리 수단을 잘 부리는 사람이라도 말할 때만큼은

자신의 성격이 드러나기 때문이다.

_맹자

태종의 밑그림자 주원장

❖❖❖❖❖

주원장은 왕권에 방해가 된다면 자기 친족까지도
가차 없이 처단했다. 이로 인해 무소불위의 권력을 휘두를 수 있었지만
말년에는 말벗도 없이 고독하게 지냈다.

우리는 흔히 사회생활을 잘 하려면 공과 사를 구별해야 한다는
말을 한다. 이 말은 평소에 아무리 절친한 사이라도 공적인 자리
에서는 상대방의 사회적 위치를 고려하여 사사로운 친분 관계는
배제하고, 철저하게 그 사람의 사회적 위치에 맞춰 언행을 해야
한다는 뜻이다.

그런데 조선 초기에 공과 사를 구분하지 못한 말실수가 빌미가
되어 결국 왕의 처남 넷이 모조리 죽임을 당한 사례가 있다. 이것
이 그 유명한 '민무구의 옥사'다.

태종과 민무구 형제들은 사사로이는 처남 매부 지간이었고, 공
적으로는 임금과 신하의 관계였다. 하지만 민무구 형제는 옛적에
세운 공을 내세워 공적인 자리에서도 절대자인 임금의 말에 반박

하고 때로는 성을 내기도 했다.

민무구 형제의 생각 없는 언행은 태종의 왕권 강화 정책과 맞물려 앙숙 관계이던 이숙번의 집중적인 공격을 받게 된다. 그리하여 결국 절대 통치자의 처남이요, 대궐 안주인의 아우들이요, 다음 왕위를 이을 세자의 외삼촌임에도 불구하고, 4형제가 죽임을 당하는 비극적인 주인공이 되고 말았다.

1400년 11월 13일, 정종은 왕세제인 이방원에게 왕위를 물려주고 상왕으로 물러앉았다. 제1차 왕자의 난으로 권력을 장악한 동생 덕분에 엉겁결에 왕위에 오른 지 2년 만이었다.

정종에게 이 기간은 답답하고 불안한 나날의 연속이었다. 마치 몸에 꽉 끼는 옷을 입은 것처럼 답답해서 당장이라도 벗어던져버리고 싶었다. 정안공이 된 이방원과 독대한 자리에서 물러날 뜻을 여러 번 밝혔지만, 아우는 아직은 때가 아니라는 말로 정중히 사양했다.

사실 이방원은 '제1차 왕자의 난' 때 부왕 태조가 사랑했던 사람들을 너무 많이 죽였다. 정도전이나 남은 등 정적들의 죽음은 권력 다툼 과정에서 얼마든지 있을 수 있는 일이었다.

그러나 아버지가 끔찍이 사랑했던 이복동생 방번과 방석, 그리고 경순공주의 남편 이제를 죽인 것은 너무나도 큰 불효였다. 태조는 정종에게 왕위를 물려준 후로 이방원을 마치 철천지원수 대하듯 했다. 그런 상황에서 정종이 왕위를 물려준다고 해서 냉큼

받았다가는 아버지와의 화해는 영영 이루어질 것 같지 않았다.

그래서 이방원은 욕심이 없는 둘째 형에게 왕위를 잠시 맡겨두고 소신대로 정사를 이끌어가면서 왕위를 돌려받을 적당한 때를 기다렸다. 그렇게 1년 반이 지나자 이방원의 측근들은 슬슬 불안해지기 시작했다. 이러다가 주군인 이방원이 왕위를 영영 돌려받지 못할지도 모른다는 불안감이 들었던 것이다.

1400년 2월, 조준·하륜·조영무·이숙번·민무구·민무질 형제 등은 정종을 만나 정안공 이방원을 왕세제로 책봉하라고 건의했다. 다음 왕위의 주인은 이방원이라는 것을 확실히 못 박아두자는 계산이었다. 권력에 욕심이 없는 정종은 그들의 말대로 순순히 따랐다.

그날 이후 정종은 왕세제가 된 이방원에게 모든 정사를 일임하고 사냥 등으로 소일했다. 그러다가 9개월이 지났을 때 왕위를 돌려주었던 것이다.

정안공 이방원이 조선 제3대 임금인 태종으로 즉위하자 태상왕이 된 태조는 즉위식에도 참석하지 않고 대궐을 떠났다. 그러고는 서울 인근의 양주 회암사나 소요산 등지의 사찰을 돌아다니며 이방원의 수하들에게 죽은 두 아들의 넋을 위로했다.

태종은 백성들에게 보란 듯이 야속한 행동을 보이는 아버지가 측은하고 원망스러웠다. 태조의 그런 행동은 태종을 조선의 국왕으로 인정하지 않는다는 뜻도 내포되어 있었기 때문이다. 태종은 어떻게든 아버지와 화해하려고 갖은 정성을 다해 모셨다. 그러나 아버지의 마음에 드리워진 분노는 좀처럼 사그라지지 않았다.

내가 어찌해야 아버지와 화해할 수 있을까? 조선을 개국한 부왕 태조의 인정도 못 받는데, 어찌 임금 노릇을 하며 백성들을 다스릴 수 있단 말인가?

그때 태종의 머리에 번뜩 스치는 것이 있었다. 아버지와의 화해를 앞당길 수 있는 그 해답은 바로 명나라 황제로부터 '조선의 국왕'이라는 고명誥命을 받아내는 것이었다.

그런데 아버지는 아예 짐을 챙겨서 고향인 함흥으로 떠나버렸다. 태종은 아버지를 모셔오기 위해 여러 차례 차사를 보냈다. 그러나 그들은 분노한 아버지의 화살에 맞아 영영 돌아오지 못했다. 그렇게 해서 생겨난 말이 '함흥차사'다. 후에 무학대사의 도움으로 대궐로 모셔왔지만 아버지의 가슴에 쌓인 분노는 여전했다.

그러는 사이에 태종은 수차례 사은사 등의 사신을 명나라로 보내 고명을 내려달라고 부탁했다. 그러나 태종을 조선의 국왕으로 인정한다는 황제의 칙서인 고명은 감감무소식이었다. 그도 그럴 것이 당시 명나라는 내란 상태였던 것이다.

명나라는 칭기즈칸의 원나라를 멸망시키고 중국 대륙의 새로운 주인이 된 초강대국이었다. 명나라 태조 주원장은 광활한 영토를 효과적으로 통치하기 위해 아들 24명을 전국 주요 지역의 왕으로 봉했다. 이것은 명나라의 왕권을 강화하는 데 큰 역할을 했다.

주원장은 왕권에 방해가 된다면 자기 친족까지도 가차 없이 처단했다. 이로 인해 무소불위의 권력을 휘두를 수 있었지만 말년에는 말벗도 없이 고독하게 지냈다. 주원장은 30년 동안 중국 대륙을 통치하다가 맏손자를 후계자로 정하고 70세의 나이로 세상을 떠났다. 당시 조선은 태종 이방원이 '제1차 왕자의 난'을 일으키고 정종이 즉위한 지 3개월쯤 되는 시점이었다.

주원장을 이어 16세의 맏손자가 제2대 황제인 건문제로 즉위했다. 건문제는 대신들의 요청에 따라 왕권을 강화하고 각 지방의 왕으로 있던 숙부들의 세력을 약화시키기 위해 봉급으로 지급되던 봉령을 삭감했다. 이때 북경 지역을 근거지로 활약하던 주원장의 넷째 아들 연왕이 반란을 일으켰다. 이로 인해 중국 대륙은 연왕의 반란군과 건문제의 토벌군 사이에 치열한 공방전이 계속되고 있었다. 그런 내란 상태였기 때문에 조선 사신은 번번이 허탕만 치고 돌아왔던 것이다.

태종은 답답해서 미칠 지경이었다. 함흥에서 어렵게 모셔온 아버지는 또다시 궐 밖 출입이 잦아졌고, 명나라에서의 내전은 언제 끝날지, 또 어느 편을 들어야 할지 막막하기만 했다.

그러한 때에 가뭄에 단비 같은 반가운 소식이 날아왔다. 1402년(태종 2) 9월, 중국에 머물러 있던 통역관 강방우가 전해온 소식은 이러했다.

반란을 일으킨 연왕이 건문제의 대군을 격파하고 지난 6월에 이미 명나라 영락제로 즉위했다는 것이었다. 또 그 영락제가 보낸 사신이 새 황제의 즉위 사실과 새로운 연호 등을 알려주기 위해 조선으로 오고 있다고도 했다.

그해 10월, 태종은 가장 신임하는 좌정승 하륜을 하등극사로 삼아 어마어마한 선물과 함께 영락제의 등극을 축하했다. 태종의 조급한 마음을 잘 알고 있는 하륜은 영락제에게 조선 국왕으로 인정한다는 고명과 인장을 내려달라고 사정했다.

세자 혼례사건의 해프닝

❖❖❖❖❖

대신들은 임금의 마음을 헤아리지 못하고
내시에 불과한 황엄에게 자신을 거짓말쟁이로 만들려 했으니
화가 날 수밖에 없었다.

1403년(태종 3) 4월, 태종이 그토록 고대하던 소식이 명나라에서 날아왔다. 영락제의 등극을 축하하러 갔던 하륜 일행이 중국 사신 6명과 함께 돌아오고 있다는 보고였다.

영락제가 보낸 도지휘 고득, 통정사 조거임, 환관태감 황엄·조천보 등이 태종이 학수고대하며 기다리던 고명과 인장印章을 가지고 온다는 것이었다. 여기서 고명은 상국을 자처하는 명나라 황제가 주변 속국들의 국왕을 인정한다는 칙서이고, 인장은 명나라 황제가 내리는 일종의 도장을 말한다.

태종은 대신들을 데리고 서대문까지 나가서 명나라 사신을 맞았다. 그런데 이때 온 사신들은 명나라 태조 주원장이 보낸 사신들보다 무척 무례했다. 그들은 한 나라의 국왕인 태종을 마치 명

나라의 변방에 있는 지방관쯤으로 대했다. 특히 내시들의 우두머리인 환관태감 황엄과 조천보는 무례하기가 그지없었다.

어쨌든 태종은 고명과 인장만 있으면 아버지와의 화해가 훨씬 수월해질 것이라는 기쁨에 사신들에게 최고의 예우를 했다. 그리고 자주 사신들이 머무르는 태평관으로 가서 잔치를 베풀었다.

하루는 태종이 태평관에서 잔치를 베푸는데, 술에 만취한 황엄이 주정을 부렸다. 태종은 화가 머리끝까지 치밀었지만 급한 일이 생겼다는 평계로 자리를 피했다.

그 며칠 뒤에도 태종은 태평관에서 잔치를 베풀었다. 상 위에는 무려 셀 수 없을 만큼의 진수성찬이 차려졌다. 명나라 사신들과 태종을 비롯한 조정 대신들은 맛있게 음식을 들며 정담을 나누었다. 그러나 명나라 환관 조천보는 인상을 잔뜩 찌푸린 채 젓가락만 쪽쪽 빨고 있었다. 곁에 있던 태감 황엄이 왜 음식을 먹지 않느냐고 물었다.

"잔칫상에 먹을 것이 없어서 그러네."

"아무리 그렇더라도 조선 국왕께서 우리를 위해 성심으로 대접하는데, 자네가 그런 말을 하면 개돼지와 다를 게 뭔가?"

황엄의 말에 조천보가 자리를 박차고 일어섰다. 그러고는 사모를 벗어서 바닥에 내팽개치며 소리쳤다.

"자네가 뭔데 나를 욕하나? 나도 엄연히 황제의 명령을 받고 온 사신인데 말도 제대로 못 하나?"

참으로 기가 막힌 광경이었다. 한 나라를 대표해서 온 사신이 상대국 국왕과 대신들 앞에서 음식 타박이나 하며 싸우고 있으니 한심한 노릇이었다. 태종은 그 광경을 지켜보면서 기가 막히기도 하고 서럽기도 했다. 저들이 이런 행태를 보이는 것은 조선을 깔보기 때문이 아닌가!

그 후로도 태종은 명나라 사신들에게 갖은 수모를 당했지만 꾹 참았다. 명나라 황제의 고명과 인장이 도착한 후로 부왕 태조와의 관계가 한층 가까워졌고, 또 태조가 거처인 덕수궁을 떠나지 않았기 때문이다.

그 이틀 뒤, 태종의 장인인 여흥 부원군 민제가 명나라 사신들을 집으로 초대하여 잔치를 벌였다.

잔치가 무르익어 갈 즈음 황엄이 말했다.

"조선 국왕의 딸 중에 혼기가 찬 딸이 있습니까?"

"왕자들은 아직 어리고 위로 공주 둘이 있습니다만, 장녀는 이미 혼인을 했습니다. 그런데 그건 왜 물으시는지요?"

황엄은 대답 대신 재촉하듯 물었다.

"그러면 둘째 공주도 혼인할 나이가 됐겠네요?"

"그건 그렇습니다만?"

"우리 대명국 황제 폐하의 황자님과 조선 국왕의 공주가 혼인을 하면 어떨까 해서 드린 말씀입니다."

"그거 좋겠습니다. 그렇게만 된다면야 명나라와 조선은 사돈이 되니까 두 나라 사이의 관계가 훨씬 돈독해질 테니까요."

민제와 민무구·민무질 형제는 밝게 웃었다.

다음 날 아침, 민무구와 민무질은 대궐로 달려가 태종에게 황엄이 제안한 혼사 문제를 전했다. 그러자 공주들을 끔찍이 아끼던 태종이 버럭 화를 냈다.

"그게 무슨 소린가! 황엄의 말은 경정공주를 볼모로 달라는 얘기인데, 경들은 그 말을 가만히 듣고 있었단 말인가?"

"황공하옵니다. 소신들은 미처 그것까지는……."

듣고 보니 태종의 말이 맞는 것 같아서 그들은 도망치듯 편전을 물러나왔다. 편전 계단을 내려오면서 민무질이 말했다.

"형님, 매형이 단단히 화가 나신 모양입니다."

"그런 모양이네. 이거 걱정이구먼. 무슨 좋은 방도가 없겠나?"

"……."

그들은 말없이 한참을 걸었다. 그러다가 갑자기 민무질이 뭔가 좋은 생각이 난 듯 밝은 얼굴로 걸음을 멈추었다.

"형님, 공주 대신 세자의 혼인을 추진하면 어떨까요?"

"그게 무슨 소린가?"

"우리 세자와 명나라 황녀를 혼인시키면 조선이 명나라 황녀를 볼모로 데려오는 격이니 전하께서도 기뻐하실 겁니다."

"그거 좋은 생각일세. 하지만 우리가 나서면 모양새가 좋지 않으니 대신들과 의논해서 그들에게 고하도록 하세."

민무구 형제는 밝은 얼굴로 대궐을 빠져나왔다.

다음 날 하륜을 비롯한 대신들이 대전으로 들었다. 명나라 대신들을 안내해온 하륜이 먼저 입을 열었다.

　　　　　　　　　　조선의 역사를 바꾼 치명적 말실수

"전하, 이번에 온 명나라 사신 중에 환관태감 황엄은 황제가 가장 신임하는 사람입니다."

"그래서 어쩌란 말이오? 그 황엄이란 내시 놈 말대로 우리 경정 공주를 명나라에 볼모로 주자는 말씀을 하시는 게요?"

태종이 신경질적으로 쏘아붙였다. 어제 민무구 형제의 말을 듣고 그때까지도 마음이 상해 있었던 것이다.

"그게 아니옵니다. 신은 지금 세자저하와 명국 황녀와의 혼담 얘기를 드리는 것이옵니다."

"세자와 황녀? 그건 또 무슨 말씀이오?"

"황엄에게 잘 말해서 세자저하와 명국 황녀의 혼담이 성사된다면 우리 조선의 종묘사직이 반석 위에 오를 것입니다."

"흐음…… 우리 공주를 보내지 않고 명국 황녀를 데려온다?"

태종은 하륜의 말을 듣고 금세 표정이 밝아졌다.

그날 오후, 태종은 대궐로 찾아온 황엄에게 세자와 명나라 황녀의 혼담을 주선해달라고 부탁했다. 황엄은 자신이 황제의 총애를 받고 있다고 거들먹거리며 황제에게 잘 얘기해보겠다고 했다.

이윽고 한 달이 지나고 명나라 사신들이 본국으로 돌아가게 되었다. 태종은 황엄만 따로 불러 세자의 혼담을 거듭 부탁하며 진귀한 선물을 잔뜩 안겨주었다.

태종은 명나라 사신들이 돌아가자마자 둘째 딸 경정공주의 혼인을 서둘렀다. 혹여 황엄의 입에서 경정공주와 명나라 황자와의 혼담이 또 거론될까 노심초사했는데, 그 말은 더 이상 나오지 않아서 다행이었다. 태종은 경정공주의 신랑감으로 평소에 눈여겨 둔 조준의 외아들 조대림으로 결정하고 서둘러 혼인을 진행시켰다.

그러자 사간원에서 반대 상소를 올렸다. 조대림이 모친상을 당한 지 4개월밖에 지나지 않았다는 것이 반대 이유였다. 즉, 당시에는 부모상을 당하면 3년 동안은 여막을 지키며 관직에도 나가지 않는 것이 관례인데, 혼인을 한다는 것은 법도에 어긋난다는 것이었다.

그러나 태종은 사랑하는 공주를 명나라 황실에 볼모로 주기 싫다는 말로 사간원의 입을 막고, 그해 9월에 경정공주와 조대림을 맺어주었다.

그로부터 한 달 뒤, 황엄이 다시 명나라 사신으로 오고 있다는 전갈이 왔다.

태종을 비롯한 대소 신료들은 세자의 혼담에 잔뜩 기대를 걸고 있었다.

그러나 황엄은 명나라 황제가 내렸다는 태종의 면류복과 곤룡포 등 옷가지와 비단 등만 내놓고 세자의 혼담은 일절 꺼내지 않았다. 태종은 답답했지만 한 나라의 국왕이 먼저 물어보기도 민망해 꾹 참았다.

그런 태종의 마음을 헤아리고 황엄과 친한 민무질이 넌지시 물어보았다. 황엄이 과장된 몸짓으로 황제에게 말을 잘 해놓았으니 좋은 결과가 있을 거라고 대답했다. 태종을 비롯한 대신들은 그 말만 믿고 황엄이 머무는 20일 동안 갖은 정성을 다해 실컷 먹이고 원하는 것은 다 들어주었다.

황엄이 돌아간 후로 조선 조정은 명나라 황실과 사돈이 된다는 생각에 들떠 있었다. 그러나 명나라에서는 또 소식이 없었다.

1404년(태종 4) 1월, 태종은 명나라 황제의 생일 축하 사절로 민무질을 보냈다. 민무질은 황엄을 만나 은밀히 혼담 성사 여부를 물어보았다. 황엄은 이번에도 역시 잘 진행되고 있다면서 조금만 더 기다려보라고 말했다.

민무질이 귀국해서 그 말을 전하자 온 조정은 마치 혼담이 성사되기라도 한 듯 들뜨게 되었다.

그러나 1년이 지나고 2년이 지나도 명나라에서는 또 소식이 없었다. 그사이에도 수차례 양국 사신이 오갔지만 세자의 혼담은 전혀 거론되지 않았다. 그렇다고 해서 명나라 사신에게 대놓고 물어볼 수도 없는 노릇이었다. 양국 왕실에서 정식으로 혼담 얘기가 오간 것도 아니고 단지 환관 황엄에게 매파 역할을 시켰기 때문이다.

태종은 아무런 진척도 없이 시간만 흘러가자 부아가 치밀어 올랐다. 그사이에 세자는 무럭무럭 자라 13세가 되어 있었다. 당시 왕가에서는 10세만 되면 혼인을 시켰기 때문에 세자는 이미 혼기를 넘긴 거나 마찬가지였다.

그렇다고 해서 혼인을 시킬 수도 없었다. 만약 혼인을 시킨 다음에 명나라 황실에서 혼담이 들어오면 황제를 능멸했다며 이런 저런 트집을 잡을 것이 분명하기 때문이었다.

1406년^(태종 6) 4월, 태종이 목이 빠지게 기다리던 황엄이 다시 사신으로 왔다. 태종을 비롯한 대소 신료들은 이번에도 황엄이 먼저 세자의 혼담 문제를 꺼내주기를 바랐다. 그러나 황엄은 세자의 혼담에 대해서는 일언반구도 없었거니와 전보다 더 오만방자하게 굴었다.

태종은 너무 화가 나서 대신들을 불러 황엄에게 세자의 혼담 문제를 일체 꺼내지 말라고 엄명을 내렸다. 이때 황엄은 황제의 명이라며 제주 법화사에 있는 미타삼존불을 명나라로 가져가겠다고 했다. 그 동불상은 원나라 때 양공이 만든 것이니 명나라의 소유라는 것이었다. 그 당시 조선은 숭유억불 정책을 추진하고 있었기 때문에 태종은 군말 없이 그 요구를 들어주었다.

그런데 황엄이 직접 제주도에 가서 불상을 가져오겠다고 했다. 태종은 아무래도 미심쩍어서 중국말을 잘하는 통역관을 시켜 그들의 동태를 살피게 했다. 아니나 다를까! 그들은 태종의 예상대로 동불상을 가져오면서 제주도를 정탐하려는 계획을 세우고 있었다. 태종은 즉각 전라감사에게 파발을 띄워 제주도에 있는 동불상을 최대한 빨리 나주로 옮겨놓으라고 명했다.

태종은 일부러 내관을 시켜 이 사실을 황엄에게 알렸다. 그런데도 황엄은 직접 가서 동불상을 가져오겠다고 고집을 부렸다. 태종은 어쩔 수 없이 지의정부사 박석명을 전라도 도체찰사로 임명하여 황엄을 안내하게 했다. 그리고 황엄이 지나가는 지방의 수령들에게 모든 지원을 아끼지 말도록 명했다.

　　　　　　　　　조선의 역사를 바꾼 치명적 말실수

왕명에 따라 황엄이 전라도로 내려가는 동안 들르는 고을마다 수령들은 잔치를 열었다. 그런 파격적인 대접을 받으면서도 황엄은 자기 요구를 들어주지 않거나 마음에 들지 않는 것이 있으면 지방 수령들에게 매질도 서슴지 않았다.

황엄 일행이 전라도에 도착했을 때 불상은 이미 나주로 옮겨져 있었다. 부랴부랴 길을 재촉해 왔는데, 제주도로 가야 할 명분이 없어지자 황엄은 괜스레 짜증을 부렸다. 그 때문에 전라감사는 황엄 일행을 달래기 위해 고을의 이름난 기생을 죄다 불러놓고 며칠 동안 잔치를 베풀어야 했다.

황엄 일행이 동불상을 서울로 운반할 때 백성들에게 끼친 피해는 실로 어마어마했다. 그들은 먼저 나주에서 수천 명의 백성들을 짐꾼으로 차출하여 동불상을 운반하게 했다. 또 지나는 고을마다 재물을 요구했고, 머무를 관사가 조금만 마음에 들지 않아도 새로 짓게 하는 등 전라도와 충청도, 경기도 고을 수령들을 수없이 괴롭혔다.

게다가 불상을 운반하던 짐꾼을 동작이 굼뜨다는 이유로 심하게 매질을 하여 죽이기까지 했다. 또한 서울에 도착해서는 태종이 직접 마중 나오지 않았다는 이유로 대신들의 인사도 받지 않았다.

다음 날, 태종은 사신들이 머무는 태평관으로 찾아갔다. 황엄은 태종을 보고 다짜고짜 불상에 절을 하라고 말했다. 그러나 태종은 조선은 고려와 달리 불교를 섬기지 않고 유교로 나라를 다스리는 근본으로 삼고 있으니 그럴 수 없다고 정중히 거절했다. 이처럼 황엄 일행은 사신으로 온 첫날부터 3개월간 머물다 돌아갈 때까지 태종을 비롯한 대소 신료들에게 오만방자하게 굴기를 밥 먹듯이 했다.

그해 7월, 황엄이 제주 미타삼존불을 가지고 명나라로 돌아가자 태종은 자존심이 무척 상했다. 세자의 혼담과 관련해서는 가타부타 단 한마디도 꺼내지 않았기 때문이다. 그것으로 태종은 명나라 황실과의 혼담은 없었던 일로 여기고 세자를 혼인시키기 위해 가례도감을 설치했다. 그리하여 많은 규수들 중에서 전 총제 김한로의 딸을 세자빈으로 간택하고 정혼했다.

이듬해인 1407년(태종 7) 5월, 황엄이 다시 사신으로 왔다. 이번에 온 목적은 태조 이성계가 소장하고 있는 사리를 가지러 온 것이었다. 태종은 부왕이 어렵사리 모아놓은 부처님의 사리 303매를 빼앗아 간다는 말에 비위가 뒤틀렸지만 어쩔 수 없었다.

어쨌든 태종은 이번에도 명나라 사신 태감 황엄 일행의 비위를 맞추기 위해 태평관으로 나가서 잔치를 베풀었다. 태종이 술을 권하자 황엄이 한 모금 마신 뒤 거만하게 말했다.

"우리 황제 폐하께서 조선 국왕께 한번 다녀가시라는 명을 내리셨습니다. 이번에 제가 돌아갈 때 함께 가시면 어떻겠습니까?"

태종이 씁쓰레한 웃음을 지으며 대답했다.

"내가 직접 가서 황제를 뵙고 싶으나 처리해야 할 국사가 너무 많아서 갈 수는 없소. 그 대신에 우리 세자를 보내겠소. 다음 왕위를 이을 세자가 이미 장성했고, 또 혼인을 했으니 말이오."

"돌아가서 황제 폐하께 그렇게 전해 올리겠습니다."

이때 태종을 호위하던 한성부윤 공부가 그 대화를 듣고 고개를 갸우뚱했다. 세자는 정혼만 했고 아직 혼인은 안 한 상태인데, 태종이 혼인을 했다고 말했기 때문이다. 사실 태종은 그간 황엄에게 우롱당한 것이 화가 나서 일부러 세자가 혼인을 했다고 힘주어 말한 것이었다.

이튿날 한성부윤 공부는 절친한 사이인 우군 동지총제 이현을 만났다.

"전하께서 곧 세자를 명나라에 보내실 모양입니다. 혼례를 치르고 가면 세자의 마음이 편치 않을 터이니, 전하께 혼례를 연기하도록 하는 것이 어떻겠습니까?"

"그게 무슨 말씀이시오?"

"세자가 총각 신분으로 명나라에 가면 황제가 마음에 들어 할지도 모르지 않습니까? 지금 황제의 딸 중에 세 사람이 출가하지 않았다고 하니, 혹여 일이 잘 돼서 조선 왕실과 명나라 황실이 사돈을 맺게 될지도 모르지요. 그렇게만 된다면 여진이나 왜구 등이 감히 조선을 넘보지 못할 것입니다."

"듣고 보니 참 좋은 말씀입니다. 우리가 나서서 그 일을 추진해 봅시다."

그들은 의기투합하여 곧바로 태종의 장인인 민제의 집으로 찾아갔다. 그러고는 자신들이 나눈 얘기를 들려주고 민제에게 태종을 만나 혼례를 늦춰 달라고 제안했다.

그러나 민제는 두말없이 손사래를 쳤다.

"이미 전하께서 결정하시고 하신 말씀인데, 나는 그런 일에 나서기 싫네."

민제는 조정 대신들 중에서 그 누구보다도 태종을 잘 알고 있었다. 사적으로는 사위와 장인 관계이고, 또 어릴 적부터 수년 동안 학문을 가르친 스승과 제자 사이였기 때문이다.

태종은 1382년(우왕 8) 16세의 나이에 두 살 연상인 민제의 딸 원경왕후와 결혼했다. 그리고 뛰어난 학자인 장인 민제를 스승으로 모시고 학문을 익혀 이듬해에 문과에 급제했다. 태종은 그 후 벼슬살이를 하면서도 정사에 밝고 사학에 뛰어난 장인에게서 계속 학문을 익혔다.

민제는 태종이 보위에 오르기 전까지는 항상 '선달'이라 불렀고, 태종은 그를 '사부'라 부를 정도로 가까웠다. 이 때문에 민제는 태종의 표정만 봐도 무슨 생각을 하고 있는지 알아챌 수 있었던 것이다.

그러나 공부와 이현은 포기하지 않았다. 그날 민제의 사위인 참찬 의정부사 조박과 참지 의정부사 정구, 그리고 형조참의 안노생과 자리를 만들어 자신들의 생각을 설명했다. 조박과 안노생 등은 즉석에서 그들의 생각에 동조했다. 원군을 얻은 이현이 호기 있게 말했다.

"그렇다면 소생이 당장이라도 명나라 사신 황엄을 만나서 '전에 전하께서 세자가 혼인했다고 하신 말씀은 정사 때문에 경황이 없어서 잘못 말한 것이다. 사실 세자는 아직 혼인하지 않은 총각이다'라고 말하겠습니다."

"좋은 생각이긴 하지만 섣불리 나섰다가는 일을 그르칠 수 있고, 또 전하의 노여움을 살 수도 있습니다. 내 생각에는 아무래도 국구이신 민제 대감이 그런 일을 하기에 가장 적임일 것 같습니다."

태종과 동서지간인 조박의 의견대로 공부 등은 다시 민제의 집으로 찾아갔다. 공부는 민제와 민무구·무질 형제에게 그 계책을 태종에게 고하라고 권유했다. 그러나 그들 삼부자는 외척인 자신들이 나서면 모양새가 좋지 않다고 거절했다.

이후로도 공부가 계속 찾아와서 설득하자 민제는 하는 수 없이 사위 조박을 시켜 하륜에게 그 계획을 자세히 설명하게 했다. 하륜은 일리 있는 말이라 생각하고 즉시 민제를 찾아왔다.

"만일 공부의 계략대로 명나라와 사돈만 맺는다면 그 누구도 감히 반란을 꾀하지 못할 것입니다."

"하지만 전하께서 어떻게 생각하실지 그것이 문제입니다."

"소생이 정승들과 함께 전하를 잘 설득해보겠습니다. 사실 고려 왕실도 원나라의 부마국이 되었기 때문에 백 년 동안 태평성대를 누리지 않았습니까."

하륜은 그길로 영의정부사 성석린과 우정승 조영무를 만나 이 계획에 동참할 것을 권유했다. 그러나 그들은 "주상의 뜻이 이미 정해졌으니 나서지 않겠다"라는 말로 정중히 거절했다.

정승들이 거절하자 하륜도 망설이게 되었다.

그러는 사이 시간은 흘러갔고, 이들의 계획은 마침내 세자의 장인으로 예정된 김한로의 귀에까지 들어가게 되었다. 김한로는 딸이 이미 세자와 정혼까지 했는데, 대신들이 이런 논의를 했다는 것 자체가 불쾌하고 분했다. 특히 세자의 외가 사람들인 민제와 민무구 형제가 이 일에 관여되어 있다는 것이 마음에 들지 않았다.

김한로는 당장이라도 달려가서 이 사실을 태종에게 고하고 싶었지만 명나라 사신들이 돌아갈 때까지 꾹 참았다. 이윽고 황엄 등이 모든 일을 마치고 돌아가자마자 김한로는 곧바로 이숙번을 찾아갔다. 이숙번이 외척인 민무구 형제와 앙숙 관계라는 것을 잘 알기 때문이었다.

김한로로부터 이 얘기를 전해 들은 이숙번은 속으로 쾌재를 불렀다. 민무구 형제에게 큰 타격을 줄 수 있는 절호의 기회였기 때문이다. 그날 오후, 이숙번은 거짓말까지 보태서 태종에게 고자질했다. 태종은 대로했다. 임금이 이미 명나라 사신에게 세자의 정혼 사실을 밝혔는데, 대신들이 몰래 외척인 민제·민무구·민무질 등과 세자의 혼례를 의논했다는 것에 화가 치밀었던 것이다.

사실 태종은 명나라 사신 황엄의 오만방자한 태도에 치를 떨고 있었다. 명나라 황제가 신임하는 사람이기에 울며 겨자 먹기로 갖은 정성을 다해 대접하긴 했지만, 한 나라의 국왕이 한낱 내시 따위에게 그런 수모를 당하는 것에 자존심이 무척 상해 있었던 것이다.

그런데도 대신들은 임금의 마음을 헤아리지 못하고 내시에 불과한 황엄에게 자신을 거짓말쟁이로 만들려 했으니 화가 날 수밖에 없었다. 태종은 이숙번에게 명하여 그 사건에 연루된 사람들을 모두 잡아들이게 했다. 그러나 그들 대부분이 처가 식구들이고 공신이었기 때문에 처벌하기가 여간 곤란하지 않았다. 그래서 어쩔 수 없이 이렇게 하명했다.

"여흥 부원군은 중전의 아버지이고, 하륜은 공신이며 수상이며, 민무구와 민무질 또한 공신이니 추궁하지 말라."

이리하여 그 사건에 연루된 사람들 대부분은 아무런 고문도 받지 않고 무사히 풀려났다. 배경이 없는 이현과 안노생만 곤장을 맞고 옥에 갇혔다가 얼마 뒤에 석방되었다. 이것으로 세자의 혼례 사건은 해프닝으로 끝나는 것 같았다. 하지만 조선 조정을 한바탕 쑥대밭으로 만들 거대한 음모가 꿈틀꿈틀 고개를 쳐들고 있었다.

함부로 말하고 행동하는
왕의 처남들

❖❖❖❖❖

전하께서는 평소에 신과 얼굴이 마주치면 얼굴을 돌려버리시지 않습니까?
그래서 신이 즐거운 잔치석상에서 그런 일이 있을까봐
일부러 가지 않았습니다.

이숙번은 사사로운 가족 관계에 얽매여 사건을 덮어버리려는
태종의 결정에 실망했다. 그래서 여태껏 준비해 둔 민무구·무질
형제의 비리와 언행 등을 토대로 철저하게 음모를 준비했다.

사실 민무구·무질 형제와 이숙번은 태종이 왕위에 오르는 데
결정적인 역할을 한 최측근이었다. 태종이 정권을 장악하고 있던
정도전 일파에 맞설 수 있는 원동력은 그들 세 사람으로부터 나
왔다고 해도 과언이 아니었다.

그들은 맹목적으로 주군 태종을 모시기로 한 혈맹의 동지였다.
그렇게 의기투합하여 제 1·2차 왕자의 난 때는 선봉에 서서 승리
를 이끌어냈다. 그리하여 세 사람은 정사·좌명공신에 책록되었
고, 벼슬도 승승장구했다. 그렇지만 태종이 왕위에 오른 뒤로는

그들은 더 이상 동지가 아니었다. 서로 주도권을 차지하려는 라이벌 관계로 변했던 것이다.

태종은 이 세 사람의 관직을 비슷한 등급으로 올려주며 화해를 종용했다. 그러나 중전의 동생이자 장차 보위를 이을 세자의 외삼촌인 민무구·무질 형제와 이숙번은 배경적인 측면에서 경쟁 상대가 되지 않았다. 게다가 민무구·무질 형제의 아버지인 민제와 절친한 친구인 하륜 등이 태종의 절대적인 신임을 받으며 최고위직에 올라 있었다.

이런 정치적 상황 때문에 이숙번은 자신이 세운 공에 마땅한 대접을 받고 있으면서도 민무구·무질 형제에 비해 상대적으로 소홀한 대접을 받고 있다고 생각했다. 그런 비슷한 생각을 가진 사람들이 이숙번의 주위로 하나둘 몰려들면서 태종 7년이 되었을 즈음엔 이숙번의 세력도 만만치 않게 되었다.

또 이숙번이 민무구·무질 형제를 원수처럼 대하게 된 데는 세자빈 간택 문제와도 관련이 있었다. 태종이 가례도감을 설치하고 세자빈을 간택할 때 이숙번의 딸이 후보 영순위에 올라 있었다.

그런데 이숙번이 외척이 되면 라이벌에게 날개를 달아주는 꼴이 되기 때문에 민무구·무질 형제가 갖은 방법을 동원하여 이숙번의 딸을 탈락시키고 말았다. 그러고는 지지 세력이 미약한 김한로의 딸을 적극 추천하여 결국 세자빈이 되게 하였던 것이다.

이숙번은 따르는 대간들에게 그간 수집한 자료를 넘겨주며 민무구·무질 형제와 단짝인 신극례를 탄핵하게 했다. 탄핵 상소의 주된 내용은 외척인 민무구·무질 형제가 어린 세자와 명나라 황녀를 결혼시켜서 정권을 좌지우지하려는, 즉 '협유집권'을 꾀했다는 것이었다. 또 외척으로서 왕실 종친들에게 무례하게 굴었다는 구절도 삽입하여 의안대군 이화를 비롯한 종친 세력의 화를 북돋웠다.

이 탄핵 상소가 알려지자 민무구·무질 형제가 그간에 저질렀던 부정과 불충한 언행 등을 탄핵하는 상소가 줄을 이었다. 마치 이날을 기다렸다는 듯 봇물처럼 터져 나오는 비리와 불충 사건들은 민무구·무질 형제와 신극례를 도저히 헤어날 수 없는 수렁으로 몰아넣었다.

이숙번이 배후에서 조종하고 의안대군 이화가 중심이 된 종친 세력이 앞장서서 연거푸 올리는 탄핵의 내용은 모함보다는 사실이 많았다. 과장된 면이 없지는 않았지만, 민무구·무질 형제가 그간에 저지른 죄상이 낱낱이 드러나기 시작했던 것이다.

사실 민무구·무질 형제는 어릴 적부터 매형인 태종 이방원과 거의 한집에서 살다시피 했다. 이방원이 민제의 딸과 결혼한 후에 장인을 스승으로 모시고 학문을 배웠기 때문이다. 이방원이 공부할 때는 으레 비슷한 또래인 민무구와 민무질도 함께 공부했기 때문에 그들은 처남 매부지간이라는 관계를 떠나 스스럼없이 속마음까지 주고받는 가까운 사이로 지냈다.

그 후 이방원은 문과에 급제하여 벼슬에 올랐지만, 두 처남은

조선의 역사를 바꾼 치명적 말실수

학문보다는 무인 기질이 다분해서 과거에 급제하지 못했다. 이후로 그들 형제는 과거를 포기하고 사병을 양성하여 매형 이방원이 추진하는 일을 돕기 시작했다. 조선을 개국하기 위해 이방원이 동분서주할 때도 민무구 형제는 측근에서 소리 소문 없이 궂은일을 도맡아 했다.

그리하여 조선이 개국했지만 이방원은 정안군이라는 작위 하나만 얻었을 뿐 정도전과 계비 강씨의 연합 세력에 밀려 철저히 소외되었다. 이때 민무구 형제는 이방원에게 때가 되면 후일을 도모하자며 위로와 격려를 아끼지 않았다.

이방원이 심적으로 벼랑에 몰려 있을 때인 1394년(태조 3), 모처럼 집안에 경사가 생겼다. 부인 민씨가 줄줄이 딸만 낳다가 결혼 13년 만에 맏아들 이제를 낳은 것이다. 이방원은 더할 나위 없이 기뻤지만 마냥 기뻐할 수만은 없었다. 이방원에게 소중한 맏아들은 계비 강씨와 정도전 일파에게는 골칫거리가 하나 더 생겨난 것에 불과했기 때문이다.

이방원은 아들 이제를 어수선한 집에서 기르기보다는 처가에 맡기기로 했다. 고려 말부터 대학자로 이름을 날린 장인에게 아들의 교육을 일임한 것이다. 이런 곡절로 후에 세자가 된 이제는 외할아버지로부터 학문을 익히고, 외삼촌인 민무구·무질 형제에게서는 말 타기와 활쏘기, 검술 등을 배우며 자랐다.

걸음마를 막 떼기 시작할 무렵부터 외가에서 자란 이제는 태종이 왕위에 오르자 대궐로 들어와서 원자로 책봉되었다. 태종은 원자의 교육을 위해 학당을 새로 짓고 훌륭한 스승들을 모셔 와 학문을 익히게 했다. 그러나 외가에서 외할아버지에게 글을 배우고 외삼촌들과 자유롭게 지내던 원자로서는 답답한 궁중 생활과 엄한 부왕의 가르침는 쉽게 적응되지 않았다. 그런 조카의 마음을 잘 알고 있던 민무구 형제는 자주 원자를 찾아와서 말벗이 되어주었다.

외삼촌들의 배려로 원자가 점차 궁궐 생활에 적응해가자 대신들의 주청으로 태종은 1404년 4월, 원자 이제를 왕세자로 책봉했다. 조카가 세자에 책봉된 후로 민무구·무질 형제는 점차 태종에게 건방진 태도를 보이기 시작했다. 이들이 이런 행동을 보인 것은 매형 태종과 누나인 원경왕후의 불화도 한몫 거들었다.

태종은 왕위에 오른 뒤로 왕자들이 많아야 왕실이 번성한다며 심하다 싶을 정도로 많은 후궁을 두었다. 태종은 죽을 때까지 총 12명의 부인에게서 무려 29명인 12남 17녀의 자식을 두었던 것이다.

태종이 젊은 후궁들만 끼고 돌자 어렵고 힘든 시절에 물심양면으로 도와 남편을 왕위에 오르게 했던 중전 민씨는 울화가 치밀었다. 그래서 대전으로 직접 찾아가 다툰 적도 여러 번 있었다. 그럴 때마다 태종은 중전이 투기한다며 쏘아붙이고는 약을 올리듯이 후궁을 늘려갔다. 이로 인해 태종과 중전 사이는 날이 갈수록 골이 깊어갔다. 민무구·무질 형제도 불쌍한 누나를 바라보면서

야속한 매형에게 퉁명스럽게 대하게 됐다.

1405년(태종 5) 겨울, 태종이 민무구를 불러놓고 말했다.

"여강군, 내가 이미 세자를 책봉했는데, 다른 왕자들이 대궐에서 나다니면 내가 혹여 그 아이들을 지나치게 사랑하는 잘못을 범할까 두렵네. 그래서 장가를 들여 궐 밖에 나가 살도록 해야겠네."

"그게 무슨 말씀입니까?"

"내가 장의동 집을 헐고 다시 고쳐 지어 효령을 살게 하고, 그 가까운 이웃에 있는 집을 사서 충녕을 살게 해야겠네. 그러면 형제들끼리 가까이 살게 되니까 서로 우애하고 공경할 게 아닌가."

그러자 민무구가 퉁명스럽게 대답했다.

"그렇지만 그 형제들 중에서 세자에게 나쁜 마음을 품은 자가 있으면 오히려 더 큰일이 않습니까?"

태종이 듣기에 민무구의 말은 세자 외의 다른 왕자들이 반란을 일으킬 수도 있으니, 세자를 위해서라면 다른 왕자들을 제거할 수도 있다는 얘기로 들렸다.

그래서 단도직입적으로 다시 물어보았다.

"제왕에게는 아들이 적장자 하나만 있어야 된다고 생각하는가?"

"신은 세자 외에는 왕자 가운데 뛰어난 자는 없어도 좋다고 생각합니다. 그런 아들은 나중에 반드시 말썽을 일으키기 때문입니다."

태종은 민무구의 거침없는 말에 가슴이 철렁 내려앉았다. 그 말이 다음 왕위를 이을 세자에게는 충성을 다하는 것처럼 들리지만, 자신에게는 소중한 다른 왕자들을 죽일 수도 있다는 협박으로 들렸기 때문이다.

그러던 며칠 뒤, 태종이 우려했던 상황이 눈앞에서 벌어졌다. 창덕궁이 완공되자 태종은 대소 신료들을 거느리고 가서 공사 감독관들에게 조촐한 잔치를 베풀었다. 태종은 그 자리에 세자를 비롯해 효령대군과 충녕대군도 데려갔다.

잔치가 거의 끝나갈 즈음, 어린 충녕대군이 품속에서 태종의 어릴 적 이름이 적힌 종이 한 장을 꺼냈다. 부왕의 이름으로 글씨 연습을 한 것이었는데, 어린아이의 글씨치고는 아주 잘 쓴 글씨였다. 태종은 환하게 웃으며 대신들에게 그 글씨를 돌려 보게 했다.

이윽고 민무구가 그 글씨를 받아 읽고는 옆자리의 신극례에게 건넸다. 신극례는 술을 제법 많이 마셔서 얼굴이 발그레했다. 민무구가 눈짓을 하자 신극례는 그 글씨를 읽는 척하면서 일부러 방바닥으로 넘어졌다. 그 바람에 충녕대군이 쓴 글씨가 찢어지고 말았다.

태종은 화가 났지만 잔치 석상이고 술에 취하면 그럴 수도 있겠다 싶어 꾹 참았다. 그런데 사실 민무구와 신극례가 이런 행동을 꾸민 것은 태종이 많은 대신들 앞에서 말썽만 부리는 세자와 총명한 충녕대군을 비교하는 것 같아 기분이 상했기 때문이었다.

이듬해인 1406년^(태종 6) 8월, 태종은 은밀히 여흥 부원군 민제,

좌정승 하륜, 우정승 조영무, 안성군 이숙번을 불러서 건강상의 이유로 세자에게 양위할 뜻을 밝혔다. 갑작스러운 말에 대신들은 너무 놀라서 한동안 말을 잇지 못했다.

잠시 뒤 장인 민제가 나서서 아뢰었다.

"전하께서 춘추가 한창이시고 세자가 아직 나이가 어린데 갑자기 전위하시고자 하는 이유를 모르겠습니다. 받자옵기 황송하오니 명을 거두어주시옵소서!"

"나는 이미 그렇게 결정했소. 세자에게 전위하고 덕수궁으로 가서 태상왕 전하께 못다 한 효도를 할 작정이오. 그리들 알고 물러가시오."

대신들은 일단 대전을 물러 나왔지만 태종의 속내를 알 수가 없었다. 건강에 특별한 이상도 없고, 나이도 39세밖에 안 됐는데 갑자기 13세의 어린 세자에게 양위하겠다니, 그 뜻을 알 수 없었던 것이다.

어쨌든 다음 날 아침, 대소 신료들은 모두 정전 앞마당으로 몰려나와 전위가 불가하다고 아뢰었다. 그러나 태종은 요지부동이었다.

그렇게 이틀이 지났을 때 민무구가 태종을 찾아왔다.

"어인 일인가?"

"전하, 정승들이 말하기를 주상의 뜻이 이미 정해졌으니 선위할 준비를 하자고 의견을 모은 것 같습니다."

"그게 사실인가?"

"그렇사옵니다."

태종은 대신들의 행태가 괘씸해서 쓴웃음을 지었다. 하지만 자신이 내뱉은 말이라 스스로 양위를 철회한다는 것이 우스워서 승정원 승지에게 민무구의 말을 전했다.

다음 날 아침, 밖이 소란하자 내관이 들어와 아뢰었다.

"전하, 정승들이 지금 만조백관을 거느리고 정전 뜰에서 전위가 불가함을 아뢰고 있습니다."

"뭐라고? 지금 민무구는 어디에 있느냐? 당장 데려오너라."

잠시 뒤 민무구가 대령하자 태종이 물었다.

"내가 어제 경의 말을 듣고 승지들에게 일렀는데, 지금 정승들이 저렇듯 시끄럽게 구는 것은 왜인가?"

민무구는 거짓말이 탄로가 났는데도 전혀 놀라는 기색이 없이 오히려 따지듯이 대꾸했다.

"신이 어제 전하께 드린 말씀은 정승 중의 한 사람이 몰래 한 말입니다. 그런데 전하께서는 왜 신의 말을 곧바로 승지들에게 누설하셨습니까?"

적반하장 식으로 민무구가 따지고 들자 태종은 기가 막히고 괘씸했다. 사사로이는 처남 매부지간이지만, 지금은 엄연히 한 나라를 다스리는 임금과 신하의 입장인데, 신하가 임금에게 호통치고 있기 때문이었다.

또 하루는 태종이 명나라 사신들을 위해 대신들을 거느리고 태평관으로 나가서 잔치를 베풀고 있었다. 대신들 중에 민무구의 모습이 보이지 않자 태종은 빨리 찾아오라고 명했다.

그러나 태평관 내에서는 민무구를 찾을 수가 없었다. 내관을 시켜 잔치에 꼭 참석하라고 일렀는데 아무런 말도 없이 어명을 어긴 것이다.

다음 날 민무구가 대전으로 들자 태종이 물었다.

"어제는 왜 태평관에 나오지 않았는가?"

민무구가 인상을 찡그리며 퉁명스럽게 대답했다.

"전하께서 신을 싫어하셔서 일부러 가지 않았습니다."

"그게 무슨 소린가? 내가 언제 경을 싫어했는가?"

"전하께서는 평소에 신과 얼굴이 마주치면 얼굴을 돌려버리시지 않습니까? 그래서 신이 즐거운 잔치 석상에서 그런 일이 있을까봐 일부러 가지 않았습니다."

이처럼 민무구는 태종을 대하기를 옛날 정안군으로 있을 때와 변함없이 했다. 태종은 매형 처남 하던 시절에서 벗어나지 못하고 있는 민무구의 행태가 못마땅했다. 그때라면 민무구가 쌀쌀맞게 굴거나 대들더라도 그리 큰 잘못은 아니지만 군신 관계에서는 불충이 되기 때문이었다.

형보다는 덜하지만 민무질도 무례하기는 마찬가지였다.

1406년(태종 6) 8월, 태종은 군대를 효율적으로 지휘하기 위해 여러 체계로 흩어져 있던 군령 체계를 병조 중심으로 확립했다. 그러자 삼군총제 가운데 좌군총제를 겸임하고 있던 민무질이 불만을 느끼고 건강을 이유로 사임했다.

그다음 날, 민무질의 휘하에 있던 장수 100여 명이 태종에게 민무질의 사직을 허락하지 말라는 상소를 올렸다. 이것은 곧 민무질이 아닌 다른 사람은 총제로 모실 수 없다는 뜻이었다. 군 통수권자인 태종은 너무 화가 나서 그들 모두를 옥에 가두었다가 며칠 뒤에 석방했다. 이 일로 민무질은 불만을 터뜨리며 며칠 동안 입궐도 하지 않았다.

그 당시 군의 요직은 민무구·무질 형제와 이무가 차지하고 있었다. 그들 세 사람이 군의 핵심 인물이었으므로 태종은 민무질의 마음을 달래주기 위해 대사헌에 제수했다.

며칠 뒤 민무질은 친한 몇 사람과 더불어 이무의 집에서 술을 마셨다.

이때 참의 구종지가 물었다.

"여성군께서는 왜 병권을 내놓았습니까?"

"전하께서 나를 옛날 상당군 이저처럼 의심하셔서 병권을 내놓았습니다. 병권을 계속 쥐고 있다가 이저처럼 될 것 같아서 어쩔 수 없이 내놓은 것입니다."

이저는 이거이의 맏아들로 태조 이성계의 맏딸 경신공주의 남편이었다. 이저는 아버지 이거이와 함께 태종이 왕위에 오르는 데 많은 역할을 하여 정사·좌명공신이 된 인물이었다. 그러나 태종이 즉위한 뒤에 아버지와 함께 모반을 획책했다는 누명을 쓰고 유배 생활을 하고 있었다. 따라서 민무질의 이 말은 태종이 죄 없는 이거이 부자를 억지로 죄를 만들어서 내쫓았다는 위험천만한 발언이었다.

　이러한 사건들 외에도 민무구·무질 형제는 권세를 앞세워 선량한 백성 수백 명을 종으로 만들어 자신들의 토지를 경작하게 하는 등 많은 비리를 저질렀다. 날이면 날마다 터져 나오는 민무구 형제의 비리 때문에 태종은 골치가 아팠다. 그러나 어떻게든 그들에게 죄는 주고 싶지 않아서 수많은 상소를 물리쳤고, 때로는 대간들의 상소를 피해 일부러 덕수궁으로 행차하기도 했다.

오만불손한 언행으로
죽음을 자초한 4형제

❖❖❖❖❖

너희 형제들은 매우 교만하니 고치지 않으면 반드시 패가망신할 것이다.
그러니 몸가짐을 바르게 하고 항상 말조심을 하거라.

1407년^(태종 7) 7월 10일, 영의정부사 이화가 삼공신^{(개국공신·정사공}
^{신·좌명공신)}을 이끌고 민무구·무질 형제와 신극례를 탄핵했다. 탄핵
의 내용은 그들이 권세와 부귀를 심하게 탐하고, 권모술수에 능
하며, 궁중에서 종친들에게 무례하다는 혐의였다.

태종은 드러난 죄상이 너무 많았으므로 이틀 후에 민무구를 연
안에, 민무질을 장단에, 신극례를 원주에 안치했다. 이 사실을 알
게 된 중전은 태종을 찾아가서 민무구 형제 덕분에 왕위에 오르
고도 그럴 수 있느냐며 대궐이 떠나갈 듯 큰 소리로 따졌다.

중전의 오만방자한 태도에 격분한 태종은 중궁전을 엄격히 통
제하고 외부 사람들의 출입을 엄금했다. 그런데도 중전은 민무질
의 부인을 궁궐로 불러들여서 자주 밀담을 나누며 동생들을 석방

시키기 위해 동분서주했다.

이 사실이 태종에게 알려지면서 민무구 형제의 행로는 악화 일로로 치닫게 되었다. 태종은 어명을 우습게 안 중전에 대한 분풀이로 민무구 형제의 직첩을 거두어 서인을 만들어버린 것이다.

상황이 이렇게 되자 아버지 민제가 직접 태종을 찾아가서 건의하여 민무구는 여흥에, 민무질은 대구에 안치되었다.

태종은 중전과 장인 민제, 장모 송씨를 생각해서 처남들의 목숨만은 보전해줄 생각이었다. 그러나 그들은 유배 중에도 죄를 뉘우치지 않고 대간들의 탄핵을 받을 만한 행동을 자주 했다.

1408년^(태종 8) 아버지 민제가 병으로 눕게 되자 태종은 유배지에 있는 민무구·무질 형제를 불러 임종을 지키게 했다.

장인 민제가 죽은 한 달 뒤, 태종은 민무구·무질 형제의 10가지 죄상이 기록된 교서를 반포했다. 이렇듯 상황이 급박하게 돌아가는데도 민무구는 유배지에서 부랑배들과 작당을 하는 등 죽음을 재촉하는 행동을 했다. 이로 인해 태종은 민무구를 여흥에서 옹진으로, 민무질을 대구에서 삼척으로 유배지를 옮겼다.

1409년 8월, 민무질과 절친한 사이인 우정승 이무가 대간들의 탄핵으로 옥에 갇혔다. 2년 전에 이무가 세자를 수행하고 명나라에 갔을 적에 함께 간 대신들에게 했던 말이 문제가 되었던 것이다.

그때 이무는 민무구와 민무질은 아무런 죄도 없는데 누명을 쓰고 유배되어 있다고 말했고, 명나라에서 돌아온 뒤에도 가까운 친척인 민무질의 장모를 찾아가 유배에서 풀려날 수 있도록 힘쓰겠다고 말했다는 것이었다.

이무의 발언은 곧 임금의 결정이 잘못되었다는 것을 의미했으므로 태종은 이무를 참형에 처해버렸다. 그리고 민무구 형제의 유배지도 제주도로 옮기도록 명했다.

그 이듬해인 1410년 1월에는 민제·하륜과 절친한 사이인 조호와 아들 조희민도 민무구 형제와 절친한 사이라는 이유로 유배되었다. 그 두 달 뒤, 조호가 꿈에 죽은 이무가 곤룡포를 입고 나타났는데, 그 모습이 마치 왕과 같았다는 망언을 한 것으로 밝혀져서 아들 조희민은 참형되었고, 조호는 심문을 받다가 옥중에서 죽었다.

태종은 어떻게든 처남들의 목숨만은 보전해주고 싶었다.

그래서 그 많은 탄핵 상소가 올라와도 단 한 번도 고문하지 않았다. 그런데 그들 형제 때문에 조정에 바람 잘 날이 없자 영의정 성석린 등 원로대신들이 강력하게 태종의 결단을 촉구했다. 태종은 마침내 원로대신들의 의견을 받아들여 제주도에 있는 민무구와 민무질에게 자결을 명했다.

이로써 장장 3년을 끌었던 '민무구의 옥사'는 그들 형제가 스스로 목숨을 끊는 것으로 마무리됐다.

그 뒤 원경왕후가 병으로 몸져눕자 민무구 형제의 동생들인 민무휼과 민무회가 병문안을 왔다.

이때 세자와 효령대군, 충녕대군이 병간호를 하고 있었다.

약사발이 들어오자 두 대군은 안으로 들어갔다. 세자 혼자만 남자 민무회가 재빨리 주위를 살피며 말했다.

"저하, 우리 형님 무구와 무질이 어찌 모반을 했겠습니까? 세자께서 은덕을 베풀어 그 가족만이라도 목숨을 보전해주십시오."

세자가 인상을 찌푸리며 퉁명스럽게 말했다

"외삼촌의 가문은 깨끗하지 못합니다."

그러자 민무회가 격앙된 목소리로 소리쳤다.

"세자께서는 우리 가문에서 자라지 않으셨습니까? 세자를 키우신 외할머니를 생각해서라도 그런 말씀을 해서는 안 됩니다."

그 말에 세자는 아무런 대꾸도 못 했다. 이때 민무휼이 재빨리 나서서 세자에게 말했다.

"무회가 실언을 했으니 세자께서는 절대 발설하지 마십시오."

그렇게 한참의 시간이 흐른 뒤, 태종이 자꾸 주색잡기에 빠져 공부를 게을리하는 세자를 나무라게 되었다. 한참 동안 호된 꾸지람을 들은 세자가 자신의 잘못을 다른 방향으로 돌릴 생각으로 민무회가 전에 했던 말을 태종에게 고자질했다.

대로한 태종은 즉각 민무휼과 민무회를 불렀다.

"세자에게 들으니 너희가 이런 말을 했다던데 사실인가?"

"절대 그런 일이 없습니다. 세자께서 괜히 지어내신 말씀입니다."

그런데 이 말이 또 새어나가 대간에서 잇따라 상소를 올렸다.

이 일로 민무휼과 민무회도 삭탈관직당하고 서인으로 강등되어 유배되었다.

친정의 네 동생 중 두 명은 죽고 나머지 두 명마저 생명의 위협을 받게 되자 태종에 대한 원경왕후의 분노는 극에 달했다.

그러한 상황에서 태종의 후궁이 아이를 낳자 원경왕후는 남편과 후궁에 대한 질투로 산모와 갓난아이를 혹한의 날씨에 마당에 방치시켰다. 나중에야 이 일을 알게 된 태종은 대로했다.

그러자 대간에서 다시 그 사건에 민무휼과 민무회가 관련되어 있을지도 모르니 심문을 해야 한다는 상소를 올렸다. 원경왕후에 대한 분노가 극에 달했던 태종은 두 사람을 유배지에서 잡아와 국문을 했다.

이때 민무휼과 민무회는 두 형님이 아무런 죄도 없이 죽었다는 발언을 하여 태종의 분노를 부채질했다. 국문이 끝난 뒤, 민무휼은 원주로 유배되었고, 민무회는 청주로 유배되었다.

그로부터 나흘 뒤 두 사람은 스스로 목을 매어 죽었다.

이것으로 태종 즉위 초 외척으로서 엄청난 권력을 휘둘렀던 민무구 4형제는 역사 속으로 사라지고 말았다.

혹자는 이들 4형제가 아무런 죄도 없는데 억울한 죽임을 당했다고 말한다. 하지만 이것은 그들 스스로가 자초한 결과였다. 이들의 아버지인 대학자 민제는 아들 민무구 등에게 입버릇처럼 이렇게 말하곤 했다.

"너희 형제는 매우 교만하니 고치지 않으면 반드시 패가망신

할 것이다. 그러니 몸가짐을 바르게 하고 항상 말조심을 하거라."

　이들이 만약 아버지의 가르침을 잘 따랐다면 공과 사를 구분
못 한 말실수도 하지 않았을 것이고, 타의에 의해 스스로 목숨을
끊어야 하는 비극도 일어나지 않았을 것이다.

　결과적으로 보면 민무구 4형제는 비대해진 공신 세력과 외척
세력을 제거하고 왕권을 강화하려던 태종의 왕권 강화책의 희생
양이었다. 태종이 왕권을 강화하기 위해 이숙번과 민무구·무질
형제의 권력 쟁탈전을 절묘하게 이용했던 것이다.

　사실 태종은 태조의 계비 강씨의 외척 세력과 정도전 일파 때
문에 6년이라는 긴 세월을 숨죽이며 살아야 했다. 그런 난관을 극
복하고 어렵게 왕위에 올랐기 때문에 자기 자식에게는 결코 그런
상황을 물려주고 싶지 않았다.

　그래서 자신을 왕위에 오르게 한 공신이라도 왕권에 걸림돌이
된다면 가차 없이 제거했던 것이다.

　그런 태종에게 가장 먼저 철퇴를 맞은 사람이 이거이 부자였다.

　고려 말부터 권문세가였던 이거이는 장남인 이저(이백경에서 개명)
가 태조의 맏딸인 경신공주의 남편이었고, 차남인 이백강도 태종
의 맏딸인 정순공주의 남편이었다. 막강한 사병을 보유한 데다
두 아들이 태조와 태종의 부마였으니 조선에서 그만한 권력과 배
경을 가진 가문은 없었다.

　그러나 이거이 부자는 정종 2년에 왕세제 이방원이 주축이 되
어 실시한 사병혁파에 반발하여 한 달 동안이나 병권을 반환하지

않았다. 이 때문에 왕위에 오른 태종은 그를 요주의 인물로 예의 주시했다.

그러던 1404년(태종 4) 10월, 태종은 조영무를 이용하여 이거이를 반역죄로 몰아서 숙청했다. 이거이가 조영무를 불러 태종과 왕자들을 제거하고 정종을 다시 복위시키려는 모반을 꾀했다는 것이었다.

태종은 이거이와 조영무의 형식적인 대질심문을 거친 뒤, 이거이 삼부자의 관직과 작위를 회수하고 서인으로 삼아 먼 외지로 유배를 보내버렸다. 그후로 그들을 참형에 처하라는 상소가 줄을 이었지만 태종은 더 이상의 죄는 추가하지 않았다.

그 후 이거이는 태종 12년 8월에 진주 유배지에서 죽었고, 맏아들인 이저도 아버지가 죽은 2년 뒤에 사망했다. 하지만 태종의 맏사위인 이백강은 문종 시대까지 부귀를 누리며 장수했다.

이거이 부자의 옥사는 태종이 공신들과 외척들에게 주는 경고의 메시지였다. 앞으로 누구든 왕권에 방해되는 자는 처단하겠다는 태종의 의지의 표현이었던 것이다.

그런데도 민무구 형제는 그것을 간파하지 못하고 오만방자하고 불손한 언행을 일삼아서 결국 4형제가 모두 목숨을 잃는 참변을 당하고 말았다.

민무구의 사건 이후로도 태종은 왕권에 방해가 된다면 누구든 가차 없이 제거했다. 양녕대군이 주색잡기에 빠져 세자에서 폐위되고 셋째 충녕대군에게 보위를 물려준 뒤에도 태종은 세종의 장인인 심온을 불충 죄를 들어 참형에 처해버렸다.

이처럼 태종이 왕권에 걸림돌이 되는 세력을 모두 제거했기 때문에 세종은 안팎으로 편안한 상태에서 소신껏 정책을 추진할 수 있었다. 그리하여 마침내 정치·경제·사회·문화·과학 등 다방면에서 우리나라 역사상 가장 빛나는 업적을 남긴 성군으로 기록될 수 있었던 것이다.

Part 3

지나친 패기가
독이 되는 사례, 남이 장군

"혜성은 '묵은 것'을 제거하고
'새로운 것'을 나타나게 하려는 징조라던데요."

말이 당신의 안에서 돌고 있을 때 그 말은 당신의 노예이지만,

일단 입 밖으로 튀어 나오면 당신의 주인이 된다.

_탈무드

기린아 남이의 탄생

❖❖❖❖❖

전하께서는 귀성군을 지나치게 사랑하시는 것 같습니다.
소신은 그것이 크게 잘못되었다고 생각합니다.
순간 세조의 얼굴빛이 싸늘해졌다.

자신감은 모든 일을 처리하는 데 커다란 원동력이 된다. 그러
나 지나친 자신감은 사리분별력을 떨어뜨려 오히려 조심성 없는
언행을 쏟아내게 만들고, 이것이 화근이 되어 돌이킬 수 없는 치
명타를 불러오기도 한다. 이처럼 지나친 자신감에서 비롯된 거침
없는 언행으로 인해 젊은 나이에 형장의 이슬로 사라진 이가 바
로 남이 장군이다.

남이는 조선 제3대 임금인 태종의 외증손자로 1441년(세종 23)에
태어났다. 태종의 넷째 딸인 정선공주와 의산군 남휘가 그의 조
부모인 것이다.

남이의 집안은 고려 말부터 명문가로 이름을 날렸다. 남이의
고조부인 남재와 그 아우들인 남은, 남지도 고려 말에 고위직에

있다가 태조 이성계가 조선을 개국하는 데 중추적인 역할을 하여 모두 개국공신이 되었다.

그러나 태종 이방원이 이복 아우들인 방번, 방석과 정도전 일파를 제거하기 위해 제1차 왕자의 난을 일으켰을 때, 남은과 남지가 정도전 편에 가담했으므로 집안이 한때 멸문지화의 위기에 몰렸다.

대신들은 너나없이 남은의 친형인 남재도 삭탈관직하고 귀양을 보내야 한다고 주장했다. 그러나 태종은 당시 외직에 나가 있어서 어느 편에도 가담하지 않은 남재를 옹호하고 오히려 중용했다.

태종은 정실인 원경왕후 민씨와의 사이에 4남 4녀를 두었는데, 막내딸인 정선공주를 무척 사랑했다. 그래서 태종 16년에 자신이 신임하던 영의정 남재의 맏손자인 남휘와 결혼을 시켰다.

그러나 정선공주는 세종 6년, 22세의 젊은 나이에 세상을 떠나고 말았다. 부왕처럼 막내 여동생을 무척 예뻐했던 세종은 꽃다운 나이에 생을 마감한 동생의 죽음을 슬퍼하여 3일 동안 조회를 열지 않았다.

그 당시 정선공주와 의산군 남휘 사이에 어린 남매가 있었는데, 그 아들이 자라서 낳은 이가 바로 남이인 것이다.

남이는 어려서부터 열심히 학문을 익히고 무술을 갈고닦아 세조 4년(1458), 18세의 어린 나이에 무과武科에 장원 급제했다. 세조는 문무를 겸비한 남이와 함께 왕실 지친인 귀성군 이준(세종의 4남 임

영대군의 둘째 아들)을 각별히 아껴서 입버릇처럼 이렇게 칭찬하곤 했다.

"나는 문文에 귀성군이 있고, 무武에 홍윤성이 있으니 족히 근심할 것이 없도다."

잘 알려져 있듯이 홍윤성은 문종 즉위년(1450)에 문과에 급제하였지만, 무술 실력이 뛰어나서 주로 무관직에 있었다. 수양대군이 계유정난(1453)을 일으켰을 때는 사복시 주부로 있다가 한명회, 권람 등과 더불어 김종서, 황보인 등을 제거하는 데 주도적인 역할을 하여 벼슬이 우의정에 이른 인물이다.

세조가 이처럼 기개가 뛰어나고 문무를 겸비한 남이와 귀성군을 총애한 것은 마치 자신의 젊은 시절을 보는 것 같았기 때문이다. 다른 한편으로 그것은 자신의 병약한 두 왕자에 대한 보상 심리이기도 했다.

세조는 정실인 정희왕후 윤씨와의 사이에서 성종의 아버지인 의경세자와 예종을 낳았다. 그러나 두 왕자는 어려서부터 하루가 멀다 하고 잔병치레를 하여 세조의 마음에 그늘을 드리우게 했다.

세조는 틈만 나면 귀성군과 남이를 궁궐로 불러 정담을 나누었다.

그 자리에는 으레 의경세자의 죽음으로 새로이 세자로 책봉된 훗날의 예종도 참석했다.

임금과 신하가 대면하는 어려운 자리였지만 그들은 세조에게 세상 돌아가는 정세는 물론 자신의 생각까지도 스스럼없이 털어놓았다. 세자는 마치 부자지간 같은 그들의 다정한 대화를 들으며 소외감을 느꼈다.

"경들을 보고 있으면 나의 젊은 시절이 생각난다네. 사내란 모름지기 경들처럼 의기와 열정이 넘쳐야 하느니……. 우리 세자도 어서 훌훌 털고 일어나서 그대들과 함께 이 나라를 반석 위에 올려놔야 할 텐데……."

세조가 한없이 측은한 눈으로 바라볼 때면 세자는 쥐구멍이라도 찾고 싶은 심정이었다. 그러한 날들이 하루하루 지나면서 세자는 그들을 시기하게 되었다. 세자는 사촌 형인 귀성군보다 항상 자신만만한 모습으로 거침없는 언변을 토해내는 남이를 특히 경계했다.

그러나 세조는 그런 세자의 마음을 헤아리지 못하고 그들에게 과하다 싶을 정도의 높은 벼슬을 제수했다. 귀성군은 이미 19세에 병조판서를 역임하였고, 남이도 20대 초반에 당상관(정3품 이상의 벼슬)의 반열에 올랐던 것이다.

세조 13년(1467), 함경도 길주의 토호 출신인 전 회령부사 이시애가 반란을 일으켰다. 당시 세조는 왕권을 강화하기 위해 강력한 중앙집권정책을 추진하면서 변방인 함경도 일대에도 호구조사와 호패법을 실시하여 백성들의 이동을 엄격히 제한했다.

또 백성들로부터 종전에 없던 군역, 공물, 신세포무당에게 받던 세금 등의 명목으로 각종 세금을 거둬들였다. 날이 갈수록 농민들과 토호들의 불만이 높아지자 이시애가 이들을 규합하여 함경도 길주에서 반란을 일으켰던 것이다.

이시애가 이끄는 반란군은 길주 주변 고을 수령들을 살해한 뒤 단천, 북청을 거쳐 서울을 향해 진격했다. 반란군의 기세가 등등해지자 세조는 즉각 토벌대를 구성했다. 귀성군 이준을 토벌대 총지휘관인 도총사로 삼고, 남이·강순·어유소 등을 대장으로 삼아 반란을 진압하게 한 것이다.

이때 남이는 3만 군사를 이끌고 선봉에 서서 혁혁한 무공을 세웠다. 남이의 맹활약으로 한국 최초의 농민전쟁인 이시애의 반란은 일어난 지 4개월 만에 실패로 끝나고 말았다.

세조는 난을 평정하고 돌아온 귀성군과 남이에게 다시 파격적인 벼슬을 제수했다. 귀성군은 적개공신 1등에 중앙군 최고지휘관인 오위도총부 도총관이 되었고, 남이도 26세의 젊은 나이에 1등 공신에 의산군이라는 작위와 함께 공조판서로 임명된 것이다.

이시애의 난을 진압한 후로 그들의 성공가도는 거침이 없어 보였다. 통치권자인 세조는 물론이고 일반 백성들까지도 그들을 영웅처럼 떠받들었기 때문이다.

세조 14년⁽¹⁴⁶⁸⁾ 5월, 궁궐에서 활쏘기 시합이 열렸다. 그런데 그날따라 몸 상태가 좋지 않았던지 남이는 여러 번 쏘아 단 한 발도 과녁을 명중시키지 못했다. 그것은 명궁을 자처하던 남이에게는 무척 자존심이 상한 일이었다.

이윽고 활쏘기 시합이 끝나고 연회가 벌어졌다.

이날 잔치에는 세조와 세자, 훈신인 한명회 등 많은 대신들이 참석했다.

잔치가 무르익었을 즈음 남이가 자리를 박차고 일어났다. 남이는 이미 만취한 상태라 판단력을 잃고 평소에 라이벌 의식을 갖고 있던 귀성군에 관한 불만을 토로했다.

"전하께서는 귀성군을 지나치게 사랑하시는 것 같습니다. 소신은 그것이 크게 잘못되었다고 생각합니다."

순간 세조의 얼굴빛이 싸늘해졌다.

세조가 짐짓 노기를 가라앉히고 말했다.

"귀성은 왕실의 지친이고 또 큰 공이 있으니, 귀성을 사랑하지 아니하고 누구를 사랑하겠느냐?"

사실 세조는 왕위에 오르기 위해 김종서, 사육신, 조카인 단종, 친동생인 안평대군과 금성대군 등 많은 사람을 죽였다. 그 때문에 밤마다 잠을 이루지 못할 정도로 심한 죄책감에 시달렸다. 세조는 그 죄책감에서 조금이라도 벗어나기 위해 왕실의 지친 중에서 늘 자신을 따랐던 넷째 동생 임영대군의 둘째 아들 귀성군을 각별히 총애했던 것이다.

세조가 대신들을 둘러보며 남이에게 물었다.

"너의 말에 뼈가 있는 것 같구나. 그것을 누구와 함께 의논하였느냐?"

그 순간 잔치석상에 있던 대신들이 모두 겁에 질려 남이의 입을 주시했다. 술에 만취한 남이의 입에서 자기 이름이 튀어 나오면 중죄를 면하기 어렵기 때문이었다.

그러나 남이는 조금도 흐트러짐이 없이 이렇게 대답했다.

"소신이 이런 일을 누구와 의논하겠습니까? 소신 혼자만의 생각을 전하께 말씀드린 것입니다."

세조는 그 말을 듣고 남이를 끌어내어 옥에 가두게 했다.

그러고는 그 자리에 참석한 대신들에게 남이가 한 말이 궐 밖으로 새어나가지 않도록 당부했다.

다른 사람 같으면 중벌을 면하기 어려웠겠지만, 세조는 그다음 날 바로 남이를 석방했다. 게다가 두 달 뒤에는 귀성군 이준이 맡고 있던 오위도총부 도총관으로 승진시켰고, 이준에게는 영의정을 제수함과 동시에 임금과 궁궐을 호위하는 금군을 지휘할 권한을 주었다.

20대 초중반의 젊은이들이 행정권과 병권을 장악하자 반대 세력들이 우려의 목소리를 내기 시작했다. 그들은 세조가 김종서, 황보인 등을 제거하고 왕위를 찬탈하는 데 결정적인 역할을 한 훈신들이었다. 그런데도 세조는 다시 한 달 뒤 남이를 병조판서로 승진시켰다.

이 당시 세조는 병환이 깊어져서 도저히 정무를 처리할 수 없는 지경이었다. 그래서 스무 살의 세자가 중추부지사 한계희의 보좌를 받으며 조정의 모든 정무를 처리하게 되었다.

세자는 한계희에게 자주 귀성군과 남이에 대한 불만을 토로했다. 세조의 지나친 배려로 조정의 신진 세력으로 부상한 그들의 존재가 내심 두려웠던 것이다.

한계희는 세자의 이런 불안한 마음을 간파하고, 당대 최고의 권세가인 육촌 동생 한명회를 찾아갔다. 세자의 이러한 속내를 전하고 어떻게 처리해야 할지 자문을 구하기 위해서였다.

세조가 '나의 장자방'이라고 입에 침이 마르도록 칭찬했던 한명회는 권모술수의 달인답게 묘안을 내놓았다.

"제가 직접 나서면 모양새가 좋지 않으니 형님께서 주상 전하를 만나십시오. 전하께서 오랜 지병으로 심신이 많이 쇠약해져 있으니 세자를 위해서라면 무슨 일이든 하명이 있을 것입니다."

"……."

다음 날 한계희는 병석에 있는 세조에게 독대를 청했다.

세조는 자신의 죽음이 멀지 않았음을 느끼고 있는지 생을 포기한 듯 초연한 모습이었다. 한계희가 짐짓 눈물을 흘리며 말했다.

"전하, 전하를 편안히 보좌하지 못한 소신의 죄가 크옵니다. 소신에게 벌을 내려주시옵소서!"

"……."

세조가 가까스로 상체를 세우며 물었다.

"갑자기 왜 그러시오? 세자가 무슨 잘못이라도 저질렀소?"

"그게 아니오라 세자 저하께서 영의정 귀성군과 병판 남이 때문에 심려가 매우 크시옵니다. 그들의 벼슬이 너무 올라가 앞날이 걱정되고 불안하신 모양입니다."

　　　　　　　　　　조선의 역사를 바꾼 치명적 말실수

"경은 그들에 대해 어떻게 생각하시오?"

"소신은 물론 대소 신료들도 세자 저하와 생각이 크게 다르지 않습니다. 귀성군에게 종실이니 궁궐을 호위하는 금군을 맡겨서는 아니 되옵니다. 또 남이는 성정이 거칠고 사나우니 병권을 주었다가 후에 무슨 변고가 생길지 심히 걱정되옵니다."

"……."

한참을 숙고하던 세조가 긴 한숨을 내쉬며 말했다.

"그들은 우리 조선의 미래를 이끌어 갈 인재들이오. 하지만 세자와 대신들이 그렇게 생각한다니 어쩔 수 없구려."

세조는 한계희의 진언을 받아들여 귀성군과 남이를 직위 해임했다. 그러나 며칠 뒤에 남이를 다시 종2품 겸사복장에 임명했다. 겸사복장은 비록 병조판서에는 미치지 못하는 한직이지만, 왕을 최측근에서 보좌하는 오늘날의 대통령 경호실장과 같은 중요한 직책이었다.

1468년 9월, 세조가 죽고 예종이 조선 제8대 임금으로 즉위했다.

예종은 세조의 사랑을 듬뿍 받았던 귀성군과 남이를 더 이상 중용하지 않았다. 그러나 남이는 겸사복장이라는 한직에 머물러 있으면서도 위축됨이 없이 여전히 자신감으로 충만한 언행을 쏟아냈다.

무심코 던진 말이 몰아온
피의 역사

❖❖❖❖

내가 듣기로 혜성은 '묵은 것'을 제거하고 '새로운 것'을 나타나게 하려는
징조라던데요. 남이가 무심코 뱉은 이 말은 애매모호했다.
듣는 사람이 어떻게 해석하느냐에 따라 피바람을 몰고 올 수도 있는
위험수위가 높은 발언이었다.

10월 중순 어느 날, 남이는 대궐에서 숙직을 하고 있었다.

그때 밤하늘에 유난히 밝은 혜성이 나타났다가 긴 꼬리를 날리
며 먼 산 너머로 사라졌다. 함께 숙직을 하던 관원이 혜성이 사라
진 쪽을 바라보며 혀를 끌끌 찼다.

"쯧쯧쯧! 대감, 혜성이 나타나면 나라에 상스러운 일이 일어
난다던데 걱정입니다. 국상을 당한 지 얼마 지나지도 않았는
데……."

"그게 무슨 말씀이오? 내가 듣기로 혜성은 '묵은 것'을 제거하
고 '새로운 것'을 나타나게 하려는 징조라던데요."

남이가 무심코 뱉은 이 말은 애매모호했다. 듣는 사람이 어떻
게 해석하느냐에 따라 피바람을 몰고 올 수도 있는 위험수위가

높은 발언이었다.

아니나 다를까!

바로 그때에 남이의 일거수일투족을 주시하는 눈이 있었다. 그는 평소에 남이의 재능과 명성을 시기하던 병조참의 유자광이었다.

유자광은 이시애가 반란을 일으켰을 때 반란군 토벌대에 자진해서 백의종군하여 큰 공을 세웠다. 세조는 그 공으로 서얼 출신에게는 파격적인 정5품 병조정랑을 제수했었다.

그러나 권력욕과 시기심이 유달리 강했던 유자광에게 그 벼슬은 결코 성에 차지 않았다. 자신도 남이에게 뒤지지 않는 공을 세웠는데, 남이는 정승도 부럽지 않은 의산군이라는 작위와 병조판서까지 제수 받은 것에 불만을 품고 어떻게든 그를 제거할 기회를 엿보고 있었다. 그러던 차에 마침 같은 날 대궐에서 숙직을 하게 되었고, 남이의 그 모호한 얘기를 듣게 된 것이다.

유자광은 권모술수라면 세조의 장자방인 한명회에게도 결코 뒤지지 않는 당대 최고의 모사꾼이었다. 그런 그에게 남이의 이 발언은 하늘이 내려준 절호의 기회였다.

유자광은 남이의 발언 중에서 '묵은 것'은 현재의 이씨 왕조와 한명회·신숙주 등 훈신들이고, '새로운 것'은 남이와 귀성군 등 신진 세력이라고 해석했다. 그것은 곧 남이가 귀성군을 포함한 신진 세력을 규합하여 모반을 일으킬 수 있다는 해석으로 발전했다.

다음 날 오후, 유자광은 만반의 준비를 갖추고 예종에게 달려갔다. 예종이 세자 시절부터 남이를 눈엣가시처럼 여기고 있다는 사실을 잘 알기 때문이었다.

"전하, 겸사복장 남이가 모반을 획책하고 있나이다."

"그게 무슨 소린가?"

"지난밤에 신이 내병조(內兵曹: 궁궐 내에 있는 병조) 관리들의 출장소에 입직하였는데, 겸사복장 남이가 신에게 와서 '우리를 친자식처럼 대했던 세조께서 승하하셔서 민심이 흉흉한데, 전하의 주위에는 간신들만 들끓고 있다. 만약에 그 간신들이 난을 일으키면 우리는 개죽음을 당할 것이다. 그러니 우리가 먼저 나서서 김국광, 노사신 등 불초한 무리들을 없애야 한다. 너도 혜성이 나타나는 것을 보지 않았느냐? 혜성은 곧 '묵은 것'을 제거하고 '새로운 것'을 나타나게 하는 징조이니, 나와 함께 나서지 않겠느냐?'라고 말했나이다."

유자광은 남이가 한 말에 거짓말을 보태어 며칠 이내로 쿠데타가 일어날지도 모르니 어서 대책을 세우라고 채근했다.

예종은 유자광의 고변이 내심 반가웠지만 선뜻 결정을 내리지 못했다.

곁눈질로 예종의 눈치를 살피던 유자광이 재차 아뢰었다.

"전하, 속히 명을 내려주시옵소서! 남이가 전에 이런 불손한 시를 지은 것만 봐도 모반을 계획하고 있는 것이 틀림없나이다."

"시라니? 그게 무슨 소린가?"

"이것이 남이가 지은 그 불손한 시이옵니다."

유자광은 품속에서 시가 적힌 종이를 꺼내 예종에게 내밀었다. 그것은 남이가 이시애의 반란을 토벌하고 돌아오는 길에 지은 것으로, 대장부의 웅장한 기개가 살아 있는 시였다.

백두산 돌은 칼을 갈아 다 없애고
두만강 물은 말을 먹여 없어졌네.
사나이 스무 살에 나라를 평정치 못한다면
후세에 그 누가 대장부라 이르리요.

예종은 그 시를 읽고 나서 이를 갈며 즉각 남이와 그 주변 인물들을 잡아들이도록 했다.

다음 날 아침, 예종은 영의정 강순 등 대신들을 대동하고 친히 국문을 했다. 남이는 자신이 모반을 일으키려 했다는 말은 모함이라며 극력 부인했다.

그러나 예종은 이미 남이를 죽일 결심을 굳히고 있었다. 예종의 그런 마음을 간파하고 있던 대신들은 어느 누구도 선뜻 나서서 남이의 무고를 변호하지 않았다.

남이가 계속해서 죄를 부인하자 고문은 더욱 거세졌다. 이윽고 주릿대에 다리뼈가 바스러지자 남이는 자포자기했다. 전장을 누비던 장수가 불구자로 살아간다는 것은 죽음과 다를 바 없기 때문이었다.

예종이 물었다.

"누구와 모반을 모의했느냐?"

가혹한 형벌로 몸은 만신창이가 되었지만 남이는 짐짓 의연하게 예종을 바라보았다. 그러고는 예종의 좌우에 늘어서 있는 대신들을 둘러보다가 턱짓으로 영의정 강순을 가리켰다.

"저기 서 있는 강순도 이 모반에 간여했나이다."

그 순간 강순이 소스라치게 놀라며 임금 앞에 부복했다.

"전하, 남이의 말은 사실이 아니옵니다. 신은 본래 평민으로서 밝으신 임금을 만나 벼슬이 정승에 이르렀는데, 무슨 영화를 누리려고 남이의 역모에 간여했겠나이까?"

"……."

강순이 눈물로 호소하자 예종은 고개를 끄덕였다.

그러자 남이가 다시 목청을 높여 말했다.

"전하! 강순의 거짓말을 믿으시고 죄를 면해주신다면 어찌 죄인들을 찾아낼 수 있겠습니까? 소신은 틀림없이 강순과 모반을 계획했습니다."

심신이 병약한 예종은 남이의 그 말에 판단력을 잃고 영의정 강순마저 형틀에 묶어 국문하도록 명했다. 당시 강순은 80세의 노인이었으므로 모진 고문을 견디지 못하고 결국 거짓으로 자백을 하고 말았다.

"전하! 소신도 남이와 함께 모반을 모의했나이다."

이윽고 국문이 끝나자 강순이 남이를 바라보며 울부짖었다.

　　　　　　　　조선의 역사를 바꾼 치명적 말실수

"네 이놈, 남이야! 나한테 무슨 원한이 있기에 이런 모함을 하느냐?"

남이가 삶을 포기한 듯 허탈하게 웃으며 말했다.

"원통한 것은 당신이나 나나 마찬가지요. 당신은 나와 함께 전쟁터에서 생사고락을 함께한 동지가 아니오. 그런데도 벼슬아치의 우두머리인 영의정으로 있으면서 내가 무고하다는 것을 뻔히 알면서도 구원해주지 않았으니 원통하게 죽는 것이 당연한 것 아니오."

"......."

강순은 그제야 용기 있게 임금 앞에 나서서 남이의 무고를 변호해주지 않은 것을 후회했다.

그로부터 사흘 뒤, 남이와 강순의 형이 집행되었다. 당시 모반을 일으킨 사람은 지위 고하를 막론하고 사지를 찢어 죽이는 거열형에 처해졌다.

형 집행관들이 양쪽 다리에 묶을 밧줄을 들고 다가오자 남이는 슬며시 눈을 감았다. 문득 자신의 거침없는 언행을 대장부답다며 칭찬하던 세조의 모습이 떠올랐다. 다른 한편으로 당상관의 벼슬에 올라서도 겸손하지 못하고 지나치게 자신 있는 모습으로 경거망동한 지난날이 후회되었다.

옆자리의 강순이 신음 소리를 내며 자그맣게 중얼거렸다.

"젊은 아이와 가까이 지냈다는 이유 때문에 내가 이런 화를 당하는구나. 하늘이 원망스럽도다."

역사에는 남이가 유자광의 개인적인 시기심 때문에 모함을 받아 형장의 이슬로 사라진 것으로 기록되어 있다. 그러나 '남이의 옥사'는 당시의 정치 상황으로 봤을 때 남이와 귀성군 이준으로 대표되는 신진 세력과 기득권층인 훈신들의 알력 다툼의 결과라고 할 수 있다.

세조는 병세가 깊어지자 현직에서 물러나 있던 한명회·신숙주·정인지·최항 등 훈신들을 불러 병약한 예종 대신 승정원에 근무하면서 정무를 처결하도록 특권을 부여했다. 이 때문에 훈신들은 현직 의정부 대신들보다 더 높은 위치에서 정무를 처리하는 최고 실력자로 건재를 과시했다.

이처럼 무소불위의 권력을 휘두르던 훈신들에게 당당하게 도전장을 던진 세력이 바로 이시애 난 때 큰 공을 세우고 새로운 실력자로 부상한 귀성군과 남이였다.

당시 귀성군은 영의정이었고 남이는 병조판서였지만, 세조의 훈신들 때문에 정무를 보는 데 많은 제약을 받았다. 현직에서 물러나 있던 훈신들이 세조의 고명이라는 이유로 권력을 좌지우지하자 혈기왕성한 이들은 불만을 갖게 되었고, 점차 대립각이 깊어졌던 것이다.

그러나 남이 등의 신진 세력은 훈신들의 상대가 되기에는 역부족이었다. 산전수전 다 겪은 정치 9단과 정치 초년생들의 대결은 불을 보듯 뻔한 결과로 나타났다. 한명회 등의 조종으로 귀성군과 남이는 결국 한직으로 좌천되고 말았던 것이다.

따라서 세조가 아꼈던 남이를 죽음으로 내몬 '남이의 옥사'는 결과적으로 기득권층인 훈신들과 신진 세력의 대결에서 신진 세력이 패배한 것을 의미한다.

그것은 '남이의 옥사'를 다스린 공으로 신숙주·한명회·유자광 등 40명이 익대공신으로 책록되었다는 사실이 그것을 입증한다.

어쨌든 '남이의 옥사' 이후로 신진 세력은 조정에서 자취를 감추게 되었고, 훈신들의 집권은 성종 대까지 확고히 유지되었다.

점쟁이의 예언

❖❖❖❖

내가 낭자를 살릴 수 있을 것 같네. 그러니 어서
집안 어른들께 여쭤서 나에게 낭자의 시신을 보여주시게.
그러자 청지기가 버럭 화를 냈다.

남이는 조선 전기에 입신양명을 꿈꾸던 젊은 선비들의 우상이
었다. 그러나 훈신들과의 대결에서 반역자라는 누명을 쓰고 형장
의 이슬로 사라지자 그들의 꿈도 물거품처럼 사라지고 말았다.

하지만 남이는 여전히 백성들의 마음속에 살아 있는 영웅이었
다. 그를 신격화하여 모시는 사람들과 사당이 여럿 생겨났고, 이
런저런 과장된 이야기가 많이 만들어졌다.

민간에 전하는 많은 이야기들 중에서 남이가 한명회와 더불어
세조 때의 대표적 훈신인 권람의 딸과 혼인하게 되기까지의 과정
을 그린 다음과 같은 이야기가 전해지고 있다.

남이가 벼슬길에 오르기 전인 어느 날이었다.

거리에서 친구들과 놀고 있는데, 대갓집 어린 여종이 보자기에 싼 작은 상자를 들고 지나가고 있었다. 그 보자기 위에는 하얀 분을 바른 여자 귀신이 앉아 있었다. 그 귀신은 남이의 눈에만 보였고, 친구들은 아무도 보지 못했다.

남이는 마음속으로 괴이하게 여기고 그 여종을 따라갔다. 이윽고 여종이 고래 등 같은 기와집으로 들어갔다.

여종이 집 안으로 들어가자마자 갑자기 통곡 소리가 들려왔다. 남이가 이상히 여기고 그 집 청지기를 불러 물었더니, 주인집 작은 낭자가 별안간에 죽었다는 것이었다.

남이는 낭자의 죽음이 여종이 들고 있던 상자 위의 귀신과 관련이 있을 거라 생각하고 이렇게 말했다.

"내가 낭자를 살릴 수 있을 것 같네. 그러니 어서 집안 어른들께 여쭤서 나에게 낭자의 시신을 보여주시게."

그러자 청지기가 버럭 화를 냈다.

"젊은 양반이 미쳤나. 남녀가 유별한 법인데, 그런 말도 안 되는 소리 말고 어서 돌아가시오. 감히 이 집이 뉘 댁인 줄 알고 그런 허풍을 떨어. 치도곤을 당하기 전에 썩 물러가시오!"

"대체 이 댁 주인이 어떤 분이신가?"

"이 댁 주인어른이 바로 좌의정 권람 대감이시오. 그러니 경을 치기 전에 어서 돌아가시오."

권람의 인품을 알고 있던 터라 남이는 더더욱 집 안으로 들어가서 낭자를 살리고 싶었다. 그래서 재차 청지기에게 부탁했지만 청지기는 오히려 건장한 종들을 불러 모았다. 어려서부터 힘이라 면 그 누구에게도 뒤지지 않는 남이인지라 네댓 명의 종들과 한 바탕 실랑이가 벌어졌다.

소란한 소리를 듣고 주인마님이 대문 밖으로 나왔다.

남이는 마님에게 정중히 인사를 하고 죽은 낭자를 자신이 다시 살려낼 테니 시신을 보여달라고 부탁했다. 마님은 잠시 망설이다 가 지푸라기라도 잡는 심정으로 허락했다.

남이가 낭자의 방으로 들어서자 하얀 분을 바른 여자 귀신이 낭자의 가슴을 타고 앉아 있었다. 그 귀신은 남이를 보고는 화들 짝 놀라 달아났다. 그러자 죽은 듯이 누워 있던 낭자가 벌떡 일어 나 앉았다.

남이가 문 밖으로 나오자 낭자는 다시 죽었고, 남이가 안으로 들어서면 되살아났다. 참으로 괴이한 일이라 마님을 비롯한 집안 사람들은 어찌할 바를 몰라 했다.

남이가 낭자의 몸종에게 물었다.

"네가 조금 전에 밖에서 가져온 그 상자에 무엇이 들었더냐?"

"홍시가 들어 있었는데 아씨가 그 홍시를 먹다가 숨이 막혀서 넘어졌습니다. 그 뒤로 저렇게 일어나지도 못하시고……."

"흠! 귀신이 먹을 홍시를 낭자가 먼저 먹어 귀신이 화가 난 모 양이군."

남이는 주인마님에게 자신이 본 대로 상세히 설명하고 약방에 서 귀신 다스리는 약을 지어 오게 했다.

　　　　　　　　　　조선의 역사를 바꾼 치명적 말실수

종이 득달같이 약방으로 달려가서 약을 지어 왔다. 남이가 그 약을 낭자에게 먹이자 귀신은 더 이상 낭자의 가슴에 올라앉지 않았다.

귀신의 장난으로 죽었다가 살아난 낭자의 얼굴은 꽃처럼 아름 다웠다. 훗날 남이의 첫째 부인이 되는 이 낭자는 당시 좌의정으 로 있던 권람의 넷째 딸이었다.

남이는 권람의 집에서 융숭한 대접을 받고 밤이 이슥해서야 집 으로 돌아왔다. 잠자리에 누웠지만 낭자의 어여쁜 얼굴이 자꾸만 눈앞에 어른거려서 잠이 오질 않았다.

다음 날 아침, 남이는 부모님께 자초지종을 말씀드리고 권람의 집에 매파를 보내 청혼을 했다.

권람은 내심 남이가 마음에 들어서 용하다는 점쟁이를 불러 점 을 치게 했다. 남이의 생년월일이 적힌 사주를 보고 점쟁이가 말 했다.

"이분은 약관의 나이에 높은 벼슬에 오르지만 필시 젊은 나이 에 죽을 것입니다. 그러니 사윗감으로는 좋지 않은 것 같습니다."

"어허 그래! 그렇다면 이 아이의 점도 한번 봐주게나."

권람은 쓴웃음을 지으며 자기 넷째 딸의 사주를 내밀었다. 점 쟁이는 그 사주를 뚫어져라 쳐다보다가 희비가 교차하는 야릇한 표정으로 말했다.

"애석하지만 이 아기씨의 수명도 매우 짧고 또 자식도 없습니 다. 그러니 그 복만 누리고 화는 보지 않을 것이므로 두 분이 부부의 연을 맺어도 무방할 것 같습니다."

권람은 점쟁이의 말을 믿고 남이의 청혼을 받아들였다.

그 후 남이는 점쟁이의 말대로 18세에 무과에 장원 급제하여 세조의 각별한 사랑을 받았다. 또 27세의 젊은 나이에 병조판서가 되었다가 유자광의 모함을 받아 형장의 이슬로 사라졌다.

당시에는 역모죄를 범하면 당사자의 집안은 물론 처가까지 멸문지화를 당했다. 하지만 점쟁이의 예언대로 권람의 딸은 이미 수년 전에 죽었기 때문에, 권람의 집안은 아무런 피해도 입지 않았다고 한다.

Part 4

거짓말과 갑질의
대명사 신정

"내가 잘 보관했다가 적당한 때에
전하께 올리겠소이다."

진실한 말은 결코 아름답지 않고,

화려한 미사여구가 사용된 말은 진실이 없는 법이다.

_노자

아빠 찬스를 누린
신숙주 아들 신정

❖❖❖❖❖

지금 불철주야 과거 준비를 하고 있으니 곧 좋은 결과가
있을 것이옵니다. 신숙주는 낯이 뜨거웠지만 거짓말을 했다.

우리는 종종 텔레비전이나 각종 매스컴을 통해 재벌, 고위 공
직자 등 사회 지도층 자녀들이 안하무인격으로 저지른 비리나 비
행 사건을 접하게 된다. 그런데 이들의 공통점은 모두가 분개할
사건을 저지르고도 뉘우치는 기색이 없이 오히려 그 잘못을 상대
에게 전가하려 한다는 점이다.

한 사회학자는 이들이 이런 행태를 보이는 것은 성공한 부모
덕분에 집안에서 귀공자 대접을 받다가, 성인이 되어 사회에 진
출해서도 여전히 귀공자 대접을 바라기 때문이라고 설명했다.

조선 시대에도 이와 유사한 사건이 있었다.

사건의 주인공은 세종 대부터 성종 대까지 4대 임금으로부터
대학자로 추존되던 성공한 정치가 신숙주의 아들 신정이다.

신숙주의 여덟 아들 중에 넷째인 신정은 영의정을 8년이나 지냈을 만큼 성공한 아버지 덕에 어렸을 때부터 부족함이 없는 귀공자로 자랐다. 또 그 아버지 덕분에 음관으로 벼슬살이를 시작했고, 20대 후반에 재상의 반열에까지 올랐다.

그러나 가문의 배경과 자신의 지위를 이용하여 각종 비리를 일삼다가 결국 비참한 죽임을 당했다. 신정이 이런 비극적인 죽임을 당하게 된 것은 40대가 되어서도 귀공자적 환상에서 벗어나지 못하고, 절대자인 임금에게까지 서슴없이 거짓말을 했기 때문이다.

1462년(세조 8) 5월, 세조는 신숙주에게 영의정을 제수했다. 세종 21년(1439)에 과거에 급제했으니, 실로 23년 만에 모든 벼슬아치들의 꿈인 '일인지하 만인지상'의 자리에 오른 것이다.

세조 임금은 잔치를 하라며 하사품까지 듬뿍 내려주었다. 그러나 생애에 가장 기뻐해야 할 날인데도 왠지 마음이 착잡했다. 청지기 박 서방이 큰 소리로 외치며 길을 열었다.

"쉬이~ 물렀거라! 영상 대감 행차시다!"

길을 가던 백성들이 길가로 물러나 고개를 숙였다. 교자 위에 앉아 있던 신숙주는 스르르 눈을 감았다.

"제 집안 단속도 못 하는 놈이 영상 자리까지 올랐구나."

신숙주는 느닷없이 들려오는 소리에 눈을 번쩍 떴다. 머리는 산발을 하고 너덜너덜한 넝마를 걸친 한 비렁뱅이가 병나발을 불

조선의 역사를 바꾼 치명적 말실수

면서 비틀비틀 걸어가고 있었다.

"저, 저놈을 그냥! 뭣들 하느냐 저놈을 당장……."

"관두게."

신숙주의 제지에 박 서방은 왜 그러냐는 듯 눈을 치떴다.

"대감마님, 저런 놈은 당장 잡아다가 치도곤을……."

"됐다니까 그러는가. 저자는 내가 아는 사람일세."

신숙주는 만난 적은 없지만 저 비렁뱅이가 김시습일 거라고 생각했다. 생육신의 한 사람인 김시습은 수양대군이 왕위에 오르자 금강산에 들어가 중이 되었다. 그 후로 방랑 생활을 하면서 정승 판서한테까지도 독설을 퍼붓기로 유명했다.

멀찍이 앞서가던 비렁뱅이가 획 돌아서서 큰 소리로 외쳤다.

"예끼 이 도적놈아! 네 동무들이 지하에서 울부짖는 통곡 소리가 들리지도 않느냐?"

"저, 저런 놈이 있나. 대감마님 저놈을 그냥 보내실 겁니까?"

"저자의 말이 다 맞지 않느냐."

신숙주는 눈을 감았다.

갑자기 6년 전에 죽은 절친한 친구 성삼문의 얼굴이 생각났다. 집현전 학사 시절에는 함께 밤을 꼬박 새우며 학문을 탐구했고, 훈민정음을 만들 때는 명나라 음운학자 황찬을 만나기 위해 머나먼 요동벌까지 10여 차례를 동행했었다.

신숙주가 그런 둘도 없는 친구 성삼문과 다른 길을 가게 된 것은 단종이 즉위하던 해 10월부터였다.

1452년^(단종 즉위년) 10월, 수양대군은 단종의 등극을 인정받기 위해 명나라에 보내는 고명 사은사를 자청했다.

고명 사은사는 본래 정승 가운데 한 사람이 가게 되어 있었다. 당시 사신으로 가야 할 순서는 좌의정 김종서였는데, 그는 이런저런 이유로 명나라에 가기를 꺼렸다. 단종은 매형인 정종을 보내려 했다.

이때 수양대군이 명나라의 실정을 살핀다는 이유로 사신을 자청했고, 반대할 이유도 없어서 그렇게 결정된 것이었다. 수양대군은 고명 사은사로 결정되자 곧바로 신숙주를 서장관으로 삼았다.

장차 군왕을 꿈꾸고 있던 수양대군은 조정의 대소 신료들 중에서 학식과 지략이 뛰어난 막료를 찾고 있었다. 그런 수양대군의 눈에 들어온 사람이 바로 신숙주였다. 뛰어난 학문과 친화력으로 대신들에게는 신뢰를 받고, 후배 벼슬아치들에게는 존경을 받고 있었기 때문이다.

신숙주만 수하로 끌어들인다면 용상을 차지할 시간이 훨씬 빨라질 거라는 생각에 서장관으로 삼았던 것이다.

또한 수양대군은 조정을 비운 사이에 발생할지도 모를 변고에 대비하여 좌의정 김종서의 아들 김승규와 영의정 황보인의 아들 황보석도 일행에 포함시켰다. 그러니까 수양대군에게 신숙주는 중국을 왕래하는 동안에 포섭해야 할 대상이었고, 김승규와 황보석은 인질인 셈이었다.

조선의 역사를 바꾼 치명적 말실수

신숙주는 4개월 동안 수양대군과 함께 중국을 다녀오면서 그의 인품과 배려에 반해서 수하가 되기로 결정했다. 세종의 유명이랍시고 어린 단종 뒤에서 정사를 좌지우지하고 있는 김종서와 황보인보다는 차라리 확실한 통치 철학을 갖고 있는 수양대군의 편에 가담하기로 한 것이다.

신숙주는 명나라에서 돌아와 수양대군의 천거로 임금을 지척에서 모시는 승정원 동부승지로 승진했다. 그 후로 우부승지와 좌부승지를 거치면서 단종의 동태를 수양대군에게 보고하는 역할을 맡았다. 그리하여 마침내 1453년(단종 1) 10월 계유정난이 성공하기에 이르렀다.

그러나 신숙주는 계유정난 당시에는 외직에 나가 있었기 때문에 정난에 직접 참여하지는 않았다.

계유정난이 성공하자 수양대군은 스스로 영의정과 이조·병조판서를 겸임하며 실권을 장악했다. 또 측근들을 요직에 배치하여 만일의 사태에 대비했다. 이때 신숙주도 정난공신 2등에 책록되고 도승지로 승진했다.

이후 수양대군이 단종의 양위를 받아 왕위에 오르자 신숙주는 병조판서·우찬성 겸 판병조사·대사성·좌찬성·우의정·좌의정 등 요직을 두루 역임했다. 그리하여 마침내 1462년(세조 8) 45세의 나이에 영의정에 올랐던 것이다.

교자가 심하게 흔들리자 신숙주는 눈을 떴다. 교자꾼이 한눈팔

다가 돌부리에 걸린 모양이었다.

그런데 자세히 보니 길 한가운데에 아까 그 비렁뱅이가 누워 있었다. 호위하던 반인(경호원)이 뛰어가려 하자 신숙주가 제지했다.

"됐다. 깨우지 말고 그냥 가자. 박 서방, 저자에게 엽전이나 몇 푼 쥐여주게."

청지기는 악취 때문인지 코를 감싸 쥐고는 엽전 몇 닢을 비렁뱅이 앞에 던져주었다. 교자꾼들은 비렁뱅이를 피해서 조심조심 전진했다.

이때 죽은 듯 누워 있던 비렁뱅이가 또렷한 목소리로 외쳤다.

"신 정승, 술값 고맙소이다."

"……"

그 순간 신숙주는 손을 들어 교자를 멈추게 했다. 비렁뱅이가 여전히 누운 상태로 말을 이었다.

"이 엽전을 공짜로 받으면 그대처럼 도적놈이 될 터이니 가르침을 하나 드리겠소이다. 예부터 수신제가修身齊家한 연후에 치국평천하治國平天下라고 했소이다. 수신제가 치국평천하! 핫하하하……."

"대감마님, 술 취한 미친놈이 지껄이는 소리입니다."

박 서방이 비렁뱅이와 신숙주를 번갈아 보며 출발을 재촉했다. 신숙주가 고개를 끄덕이자 교자꾼들이 걸음을 떼기 시작했다.

"수신제가 치국평천하라?"

신숙주는 비렁뱅이가 한 말을 되뇌었다. 몸과 마음을 잘 수양하여 집안을 다스린 후에야 나라를 잘 다스리고 온 세상을 평안하게 한다.

비렁뱅이가 두 번이나 연거푸 한 그 말이 왠지 마음에 걸렸다. 신숙주는 자식들의 얼굴을 하나하나 떠올리다가 급하게 손짓을 하여 가마를 멈추게 했다.

"대감마님, 왜 그러십니까요?"

"박 서방, 교자꾼들은 집으로 먼저 보내고 저잣거리에 들렀다 가세. 반인들은 멀찍이 쫓아오너라!"

"옛! 대감마님."

신숙주는 교자에서 내려 시장 쪽을 향해 걷기 시작했다.

이윽고 시장 입구에 이르자 천천히 걸으며 주위를 살폈다. 박 서방은 영문을 모르겠다는 듯 연신 고개를 갸우뚱하며 뒤따랐다.

멀리 주막이 보이자 신숙주가 갑자기 걸음을 멈추었다. 장돌뱅이들이 들끓는 주막 한가운데에 낯익은 얼굴이 있었기 때문이다. 청지기 박 서방도 아는 그 얼굴은 신숙주의 넷째 아들 신정이었다.

재상의 아들이 시장 왈패들과 어울려 엽전을 주고받으며 희희낙락하고 있었다. 신숙주는 그 광경을 보니 하늘이 무너지는 것 같았다.

언젠가 어릴 적부터 유난히 욕심이 많았던 넷째 아들 신정이 시장에서 왈패들을 거느리고 장사치들을 괴롭힌다는 소문을 들은 적이 있었다. 그래서 신정을 불러 사실 여부를 물었더니 펄쩍 뛰며 잡아뗐었다.

그런데 그 소문이 사실이었다니!

신숙주는 부글부글 끓어오르는 분노를 주체하지 못하고 아들에게 성큼성큼 다가갔다.

박 서방이 잰걸음으로 앞서가서 신정에게 귀띔을 했다.

"서방님, 대감마님께서……."

"……."

그제야 신숙주를 발견한 신정이 재빨리 마루에서 뛰어내려 땅바닥에 엎드렸다.

"아, 아버님……."

"집으로 가자!"

신숙주는 이를 악물고 신경질적으로 돌아섰다.

이윽고 집에 도착한 신숙주가 사랑 툇마루로 올라서서 소리쳤다.

"네 이놈! 설마설마했는데, 네 놈이 기어코……."

신숙주는 하도 기가 막혀서 말이 나오질 않았다.

신정은 이미 혼인을 해서 분가하여 살고 있었다. 하지만 재물을 탐할 정도로 생활이 어렵지는 않았다. 아니, 다른 선비들에 비하면 살림살이가 훨씬 풍족했다. 신숙주가 공을 세우고 나라에서 받은 많은 전답과 노비 등을 자식들에게 분배했기 때문이었다.

그런데도 재상의 자식이라는 신분을 망각하고, 오로지 재물만을 좇는 넷째 아들을 도저히 이해할 수가 없었다.

신정은 마당에 꿇어앉아 잘못을 빌었다.

"아버님, 죽을죄를 지었습니다. 다시는 이런 일이 없을 테니 한 번만 용서해주십시오."

"닥쳐라! 네 놈은 우리 집안을 망하게 할 위인이다."

신숙주는 끓어오르는 분노 때문에 현기증이 나서 기둥을 붙잡았다.

신정은 땅바닥에 앉아서 연방 머리를 조아렸다.

신숙주는 그런 아들을 바라보며 부인을 생각했다.

신숙주의 부인은 6년 전인 1456년^(세조 2) 정월에 세상을 떠났다. 어린 나이에 시집와서 아들 8형제를 낳고 기르느라 고생만 하다가 젊은 나이에 세상을 떠난 것이다.

그러나 신숙주는 아내의 임종을 지키지 못했다. 세조의 고명을 받기 위해 주청사가 되어 명나라에 가 있었기 때문이다.

세조는 신숙주의 부인 윤씨의 죽음을 애석해하며, 장례에 필요한 모든 물품을 하사했다. 또 가장도 없이 어린 아들 7형제만 집을 지키고 있었기 때문에 승지를 보내 장례를 돕게 했다.

신숙주는 그 한 달 뒤에야 명나라 황제의 고명을 받아서 귀국했다.

세조는 기쁨을 감추지 못하고 공을 세운 신숙주에게 많은 토지와 노비를 하사했다.

사실 세조는 단종이 양위하는 형식으로 왕위에 올랐지만, 반대 세력과 백성들로부터 인정을 받지 못하고 있었다. 그것은 10대 후반의 어린 조카가 상왕으로 물러나 있기 때문이었다.

이런 애매한 상황을 단번에 해결할 수 있는 방법은 명나라 황제로부터 조선의 국왕으로 인정한다는 고명을 받는 것이었다. 그리하여 수차례 사신을 보냈지만 명나라 황제는 이런저런 트집을 잡으며 자꾸만 고명을 미루었다.

신숙주는 그런 상황에서 세조의 특명을 받고 사신으로 갔다. 그러고는 세조의 기대대로 유창한 중국어 실력을 발휘하여 황제를 설득했고, 세조가 그토록 고대하던 고명을 받아왔던 것이다.

그 뒤로 세조는 공공연히 "신숙주는 나의 위징이다."라는 찬사를 보냈다.

하지만 신숙주는 임종은 물론 장례도 지키지 못한 부인에 대한 죄책감 때문에 마음이 무거웠다.

신숙주는 부인의 무덤을 찾아가서 다짐했다.

"부인, 미안하오. 이제는 우리 주도 외롭지 않겠구려."

맏아들 신주가 재작년에 병으로 죽었던 것이다.

신숙주는 술병을 들어 한 모금 마시고는 말을 이었다.

"내가 부인에게 미안한 마음을 갚을 길은 우리 자식들을 존경받는 훌륭한 선비로 기르는 길이라 생각하오. 지하에서라도 우리 자식들이 잘 자라는지 지켜봐주시구려."

그날 이후로 신숙주는 아들 7형제에게 갖은 정성을 쏟았다. 어미 없이 자라는 자식들이 불쌍해서 원하는 것은 다 들어주었다. 집안에 재물이 흘러넘쳤기에 자식들은 아무런 어려움 없이 자랐다.

그러면서도 교육만은 철저하게 시켰다. 조선에서 내로라하는 학자답게 시간만 나면 자신이 가진 학식을 자식들에게 가르쳤다.

그렇게 세월은 흘러갔고, 신숙주의 기대대로 둘째 신면은 뛰어난 학문을 인정받아 사헌장령이 되었다. 또 셋째인 신찬도 벼슬길에 나아가 상급 관료들에게 칭찬을 듣고 있었다.

그러나 어려서부터 형제들 중에 가장 총명했던 넷째 신정은 학문은 뒷전이고 만날 재물만 쫓아다녔다. 그것도 정상적인 방법이 아니라 시장 왈패들을 거느리고 다니면서 상인들에게 질 나쁜 물건을 비싼 값에 떠넘기고, 그들이 항의하면 폭력도 서슴지 않았다.

"아버님, 소자가 잘못했습니다. 진심으로 뉘우치고 있으니 한 번만 용서해주십시오."

"다시 이런 일이 생기면 너는 내 자식이 아니다. 오늘 이후로는 바깥출입을 삼가고 과거 준비에 진력하거라."

"예, 명심하겠습니다."

신숙주는 거듭 다짐을 받고 사랑으로 들어와 자리에 누웠다.

갑자기 죽은 부인이 보고 싶었다.

사실 신숙주는 그 당시 죽은 부인 때문에 백성들의 입방아에 오르내리고 있었다. 백성들 사이에 읽혀지고 있는 『신숙주 부인전』이라는 소설 때문이었다.

그 소설에는 부인이 자살한 것으로 되어 있었다. 성삼문, 박팽년 등 사육신이 죽임을 당하던 날, 부인이 살아 돌아온 신숙주를 보고 "당신 같은 배신자와는 살 수 없다."라며 목을 매어 자살했다는 것이다.

그러나 그것은 작가가 꾸며낸 허무맹랑한 얘기에 불과했다.

성삼문, 박팽년 등의 사육신이 상왕으로 물러난 단종을 복위시키려다가 발각되어 죽은 '단종 복위 사건'은 신숙주 부인이 죽은 지 5개월 뒤(1456년 6월)에 일어났기 때문이다. 그런데도 작가는 소설에 재미를 더하기 위해 그런 얘기를 꾸며냈던 것이다.

이듬해 여름, 세조가 내관을 시켜 신숙주를 불렀다.

신숙주가 편전으로 들어가니 낯익은 얼굴이 앉아 있었다.

"어서 오시오, 신 정승."

"영상이 되신 것을 감축드립니다."

세조 앞에 앉아 있는 사람은 태종의 후궁 소생인 일곱 번째 아들 후령군이었다. 후령군은 사사로이 따진다면 세조의 배다른 숙부였다. 또 신숙주와는 사돈 관계였다. 넷째 아들 신정의 부인이 후령군의 딸이었던 것이다.

"신 정승, 내가 후령군에게 들으니 넷째 아들 신정이 아직 벼슬을 받지 못했다던데 그게 사실이오?"

"그렇사옵니다. 지금 불철주야 과거 준비를 하고 있으니 곧 좋은 결과가 있을 것이옵니다."

신숙주는 낯이 뜨거웠지만 거짓말을 했다. 세조가 차를 권하면서 말했다.

"자식이 떳떳하게 과거에 급제해서 벼슬살이하기를 바라는 신 정승의 마음은 내가 잘 알고 있소. 허나 이 세상에 부모의 바람대로 되는 자식이 몇이나 있겠소. 내가 그 아이에게 적당한 자리를 제수할 터이니 그리 아시오."

"전하, 그건 아니 되옵니다. 신의 자식 둘이 이미 전하의 성은을 입었는데 또 어찌……."

사실 신숙주의 둘째와 셋째 아들은 학문은 뛰어났지만, 소과에 급제한 후에 대과에 급제하지 못했다. 세조가 그 말을 듣고 음관으로 특채하여 벼슬살이를 하고 있었던 것이다.

사돈인 후령군도 은근히 세조의 말을 거들었다.

"신 정승, 전하의 말씀에 따르시지요. 그런 다음에 문신중시에 급제한다면 성은에 보답하는 길이 될 것입니다."

후령군의 말은 일단 벼슬에 올랐다가 벼슬아치들의 승진 시험인 문신중시에 합격하여 실력을 보여주라는 것이었다. 문신중시는 10년마다 병년丙年에 '정3품 하' 이하인 당하관에게 보이는 정기적인 승진 시험이었다. 이 시험에 합격하면 6품 이하의 벼슬아치는 6품직으로 승진하고, 당하관은 당상관으로 승진하게 된다.

후령군의 말에 세조가 큰 소리로 웃었다.

"하하하! 후령군의 말씀이 명답이구려. 내가 이조에 일러 적당한 자리를 알아보겠소."

"하오나 대간들이……."

"대간들도 그 일로 왈가왈부하지는 않을 게요. 신정은 내가 가장 아끼는 신 정승의 자제일 뿐만 아니라 사사로이는 나의 사촌 매제가 되지 않소."

세조의 그 말에 후령군의 얼굴이 환하게 밝아졌다.

후령군은 비록 후궁의 배에서 태어났지만 태종의 어엿한 아들이었다. 그러나 원경왕후 민씨 소생의 대군들이 철저히 견제했기 때문에 오랜 세월을 숨죽이며 살아야 했던 것이다.

며칠 뒤, 신정은 품계는 높지만 실권은 미약한 종친부 전첨이라는 정4품직 벼슬에 임명되었다.

조선의 역사를 바꾼 치명적 말실수

부정행위를 저지른
정승의 아들

❖❖❖❖❖

장원은 무슨 장원이오? 부정행위를 저지르지 않았다면
이렇듯 유사한 답안이 나올 수는 없지 않소.
규정대로 세 사람 다 낙방시키시오.

1466년(세조 12) 3월, 신정은 지필묵을 챙겨들고 서대문 밖에 있
는 모화관으로 향했다. 모화관은 중국 사신을 영접하는 장소이지
만 오늘은 이곳에서 과거 시험이 치러질 예정이었다.

신정은 오늘만은 기어코 문신중시에 급제해서 아버지에게 자
랑스러운 아들이 되고 싶었다. 아니, 요 며칠 철저히 준비를 했기
때문에 일이 꼬이지만 않는다면 급제는 보장된 거나 다름없었다.

시험장 입구에 다다르자 젊은 선비 둘이 손을 흔들었다.

"어이, 여기일세."

그들은 어릴 적에 동문수학하던 친구 양수사와 권체였다.

두 사람 중에 진사인 양수사는 소과에 장원으로 급제한 실력파
선비였다. 성균관 유생으로 있던 작년에는 내로라하는 중신들과

세자 앞에서 경서를 강론했을 정도로 실력을 인정받고 있었다.

그러나 권체는 신정과 마찬가지로 부모 덕에 음관으로 벼슬살이에 나아가 종5품직인 도사 벼슬에 올라 있었다.

성격이 변덕스러운 신정이 이들과 오래도록 우정을 유지할 수 있었던 것은 양수사는 실력이 뛰어났고, 권체는 바로 옆집에 살기 때문이었다. 게다가 권체는 양수사의 처남이기도 했다.

이윽고 과거 시험을 치를 시각이 가까워졌다. 선비들이 서둘러 과장으로 입장하기 시작했다.

신정이 재빨리 주위를 살피고 양수사에게 속삭였다.

"우리도 이제 그만 들어가세. 권 도사와 내가 자네 좌우에 앉을 걸세. 요령껏 답안을 보여주게나."

"알겠네. 하지만 만약 시관에게 들키기라도 하는 날엔 우리 셋다 낙방이라 걱정되는구먼. 만약에 오늘 낙방을 하면 10년을 기다려야 하지 않는가."

"그건 걱정 말게. 우리 아버님이 독권관이고 형님이 시관일세."

사실이었다. 이날 치러지는 문신중시와 초시를 총감독하는 독권관은 신정의 아버지인 신숙주였고, 답안지를 모아서 합격자를 선발하는 시관들 중에는 둘째 형인 신면도 포함되어 있었다.

그래도 미심쩍은지 양수사가 다짐받듯 물었다.

"자리는 정해놓았는가?"

"물론일세. 형님한테 얘기해서 후미진 곳에 잡아 놓았네. 또 형님이 미리 손을 써놔서 시관들이 우리 주위에는 얼씬도 않을 걸

세. 참, 주상전하께서도 과장으로 납신다고 들었는데, 어서 가서 준비하세."

그들은 지금 나라에서 시행하는 과거 시험에 커닝을 모의하고 있는 중이었다. 실력이 뛰어난 양수사가 중앙에 앉아 시제를 보고 재빨리 답안지를 써서 좌우에 앉은 신정과 권체에게 보여준다는 작전이었다.

과장으로 들어서자 안면이 있는 시관이 빙긋 웃으며 구석 쪽을 가리켰다. 구석 쪽에는 그들이 앉을 세 자리가 비어 있었다.

그들이 자리를 잡고 시험 준비를 마쳤을 때, 요란한 외침과 함께 세조 임금과 중전 정희왕후가 과장으로 들어섰다. 곧이어 큰 북 소리가 울리고 시험이 시작되었다.

세조 임금 부부는 잠시 앉아 있다가 모화관 안으로 들어갔다.

양수사는 시제를 보자마자 답안을 일필휘지로 단숨에 써 내려갔다. 그러고는 답안지를 들었다 놓는 척하면서 신정과 권체에게 번갈아 보여주었다. 그들은 주위를 살피며 재빠르게 답안지를 베꼈다.

시험이 끝나고 답안지가 모아졌다.

정창손, 노사신, 강희맹, 신면 등의 시관들이 답안지를 살펴보며 합격자를 가리기 시작했다. 이윽고 입격한 답안지가 한곳에 모아지자 시관들이 둘러앉아 등수를 가리기 시작했다.

이날 과거 응시자들 중에서 최고의 답안지는 역시 양수사의 것이었다. 그런데 신정과 권체의 답안지도 양수사의 답안지와 흡사한 점이 많았다.

시관들은 중신들과 학문을 논할 정도로 뛰어난 양수사의 실력은 익히 알고 있었다. 그렇다면 양수사의 좌우에 앉은 신정과 권체가 답안을 베껴 쓴 것이 틀림없었다.

시관들은 세 사람의 답안지를 꼼꼼히 살펴본 뒤에 최종 결정권자인 독권관 신숙주에게 가져갔다. 신숙주는 넷째 아들 신정의 답안지를 보자마자 긴 한숨을 내쉬었다. 창피해서 고개를 들 수가 없었던 것이다.

'이놈이 기어코 이런 짓까지!'

한 시관이 신숙주에게 말했다.

"이 세 사람의 답안은 오늘 과거 응시자들 중에 장원감입니다. 하지만 답안이 너무 비슷해서 세 사람을 다 장원으로 정하기에는……."

"장원은 무슨 장원이오? 부정행위를 저지르지 않았다면 이렇듯 유사한 답안이 나올 수는 없지 않소. 규정대로 세 사람 다 낙방시키시오."

신숙주는 신경질적으로 세 사람의 답안지를 낙방한 답안지 쪽으로 던졌다. 시관은 신숙주의 눈치를 살피며 뒷걸음질 쳤다.

이틀 뒤, 세조가 시관들을 불러 과거 결과를 물었다.

"이번 문신중시의 장원은 누구인가?"

"예문관 대교 김극검을 장원으로 뽑았사옵니다."

이때 인산군 홍윤성이 굵직한 목소리로 아뢰었다.

"전하, 실은 김극검보다 뛰어난 답안이 있었사옵니다. 그러나 세 사람의 답안이 너무 비슷해서 모두 낙방 처리를 했사옵니다."

"그 세 사람이 부정행위라도 저질렀단 말인가? 그자들이 대체 누구인가?"

"진사 양수사와 도사 권체, 그리고 전첨 신정이옵니다."

"신정은 영상 신숙주의 아들이 아닌가?"

그 순간 도승지 신면이 나서며 재빨리 말을 돌렸다.

"전하, 양수사·신정·권체의 답안이 비슷하기는 하나 부정한 짓을 저질렀다고는 볼 수 없습니다. 시관들이 이미 입격시킨 답안인데, 독권관께서 답안이 비슷하다고 하여 그들을 모두 낙방시킨 것입니다."

"허허, 영상의 성품도 알아줘야겠구먼. 이미 입격을 한 답안이라면 굳이 낙방시킬 필요까지는 없지 않은가? 그 세 사람을 모두 입격시키도록 하라!"

이것으로 신정은 어엿한 문신중시의 급제생이 되었다. 커닝을 하고도 도승지로 있는 둘째 형의 도움으로 과거 급제라는 영예를 누리게 된 것이었다.

문신중시 급제라는 타이틀은 신정에게 날개를 달아주었다.

그 이듬해인 1367년^(세조 13) 3월, 신정은 20대 중반의 나이에 정3품 당상관인 예문관 직제학에 제수되었다.

신정이 이처럼 파격적인 승진을 한 것은 둘째 형 신면 덕분이었다. 도승지로 있던 신면이 벼슬을 배정하는 책임을 맡았는데, 자기 동생을 입격자들 중에서 최고의 자리에 배정했던 것이다.

그해 4월, 세조는 도승지 신면을 함길도 관찰사에 제수했다.

그러나 신면은 부임 두 달 뒤에 이시애의 반란군에게 피살되고 말았다. 신숙주는 가장 믿음직한 아들을 잃은 슬픔에 며칠 동안 식음을 전폐했다.

신정도 아버지와 마찬가지로 형의 죽음을 애석해했다. 신면은 가족들 중에서 유일하게 그에게 음으로 양으로 많은 도움을 준 고마운 형이었기 때문이다.

세조가 죽고 예종이 즉위하자 신정은 요직인 병조참의로 승진했다. 신정이 이처럼 순탄하게 승진을 거듭한 것은 아버지 신숙주의 배경은 두말할 필요도 없고, 왕실의 먼 외척이라는 점도 크게 작용했다.

그런데 그 이듬해인 1468년 11월, 예종이 즉위 1년 2개월 만에 급사하고 말았다.

왕실의 큰 어른인 세조의 비 정희왕후는 두 아들을 모두 20세에 잃어서 억장이 무너지는 것 같았다. 게다가 예종의 뒤를 이을 제안대군은 이제 겨우 네 살에 불과했다.

어쨌든 왕위는 오래 비워둘 수 없었으므로 정희왕후는 효령대군 등 왕실 종친들을 불러 후사를 의논했다. 그러나 그들은 약속이나 한 듯 대비의 뜻에 따르겠다는 말만 되풀이했다.

정희왕후는 다시 신숙주, 한명회, 정창손 등 훈신들을 불렀다.

"예종의 후사로 누구를 정했으면 좋겠소?"

"신 등이 감히 아뢸 말씀이 아닌 듯하옵니다."

그들도 나중에 무슨 불똥이 튈지 모른다는 생각에 말을 아꼈다.

정희왕후는 답답했다. 원리원칙대로 한다면 제안대군이 왕위를 이어야 하지만 네 살짜리 어린아이가 무슨 정치를 한단 말인가!

정희왕후가 손으로 이마를 짚고 연거푸 한숨을 내쉬자 고령군 신숙주가 조심스럽게 입을 열었다.

"대비마마, 신의 생각으로는 원자께서는 너무 어리고, 세조대왕의 장손인 월산군은 어려서부터 병에 걸려 몸이 부실하니, 자을산군이 가장 적임이라 사료되옵니다. 자을산군이 비록 어리기는 하나 일찍이 세조대왕께서도 그 도량을 칭찬하셨으니, 그분으로 하여금 주상을 삼는 것이 어떠하겠사옵니까?"

신숙주의 말을 듣고 정희왕후의 표정이 밝아졌다. 그녀도 내심 그런 생각을 하고 있었던 것이다.

정희왕후가 대신들을 둘러보며 말했다.

"고령군의 말씀이 참으로 마땅한 듯한데, 경들은 어떻게 생각하시오? 다른 의견들이 있으면 말씀해보시오."

"신들은 그저 대비마마의 하명에 따를 뿐이옵니다."

총대는 이미 신숙주가 멨으므로 대신들이 합창하듯 대답했다.

이것으로 세조의 장남인 의경세자의 둘째 아들 자을산군이 조선 제9대 임금인 성종으로 즉위하게 되었다.

신숙주의 강력한 추천으로 성종이 왕위에 오르자 신정의 벼슬살이는 그야말로 탄탄대로가 되었다.

정희왕후는 13세의 어린 성종 대신 수렴청정을 했다.

그녀는 신숙주와 한명회 등 훈신 6명을 경연청 영사라는 특별직에 앉히고 정사를 주관하게 했다. 이때 신정도 정3품 통정대부 동부승지로 승진했다. 잘난 아버지 덕분에 명실상부한 당상관이 된 것이다.

이후로도 신정의 성공 가도는 거침이 없었다.

1470년(성종 1) 9월에는 좌부승지로 승진했고, 이듬해 3월에는 '임금을 잘 보필하고 정치를 잘했다'는 공로로 좌리공신 4등이 되었다. 이때 신숙주도 좌리공신 1등이 되었고, 동생 신준도 4등 공신이었으므로 한집에서 삼부자가 공신이 되는 진기록을 세웠다.

신정은 임금을 최측근에서 보좌하는 승지직에 있으면서 약삭빠른 성격을 십분 발휘하여 어린 성종의 비위를 잘 맞췄다. 이로 인해 성종은 그를 절대 신임하였고, 1474년(성종 5) 8월에는 도승지로 임명했다.

신정은 벼슬이 높아질수록 재물에 대한 탐욕도 더욱 강해졌다. 마음에 드는 물건이 있으면 갖은 방법을 동원하여 기어코 빼앗고야 말았던 것이다.

신정이 좌승지로 있던 어느 날이었다.

명나라 환관태감 강옥의 조카 강계숙이 진상할 물건을 들고 성종을 찾아왔다.

　　　　　　　　　　　조선의 역사를 바꾼 치명적 말실수

강옥은 세종 때 어린 내시로 대궐에 들어와 명나라 환관태감까지 오른 당시로서는 입지전적인 인물이었다. 명나라의 환관태감은 조선의 영의정도 부럽지 않은 자리였기 때문이다.

강옥이 대궐에 들어온 이듬해에 명나라 황제가 차를 잘 끓이고 밥을 잘 짓는 참한 처녀를 뽑아서 진상하라고 요구했다. 조정에서는 처녀 10명을 골라 어린 내시들과 함께 명나라로 보냈다. 이때 강옥도 그 일행에 뽑혀 명나라로 갔고, 황제의 신임을 얻어 내시들의 우두머리인 환관태감이 되었다.

그 후 강옥은 명나라 사신이 되어 조선에 자주 왔다.

조선 조정에서는 강옥의 환심을 사기 위해 그 친척들에게 많은 전답을 주고 벼슬도 내렸다. 이때 당시 강옥의 조카 강계숙은 중으로 있었는데, 명나라에서 성공한 삼촌 덕분에 환속하여 명문가의 딸과 결혼을 하고 벼슬까지 얻게 되었다.

강옥은 조선 왕실의 이러한 배려에 보답하기 위해서 진귀한 옥대를 장만했고, 조카 강계숙에게 보내서 임금에게 진상하도록 한 것이었다.

그러나 성종은 마음만으로도 고맙다며 정중히 거절했다. 강계숙이 편전을 나오자 좌승지 신정이 바로 뒤따라 나왔다.

"전하께서 옥대를 받지 않으시니 어떻게 하실 겁니까?"

"집에 보관하고 있다가 삼촌이 오시면 돌려드려야지요."

강계숙이 돌아서려 하자 신정이 팔을 붙들었다.

"강공, 굳이 그럴 게 뭐 있소. 내가 잘 보관했다가 적당한 때에 전하께 올리겠소이다.”

“좌승지 영감께서 정말 그래주시겠소?”

“물론이지요. 승정원 금고에 잘 보관했다가 적당한 때를 봐서 전하께 진상할 테니 염려 마시오.”

강계숙이 옥대를 놓고 사라지자 신정은 너무 좋아서 펄쩍펄쩍 뛰었다. 그 옥대의 대구(버클)는 진귀한 상아를 깎아 만든 것이었기 때문이다. 옥대를 가로챈 신정은 성종이 눈치챌지도 모른다는 생각에 대구만 빼서 다른 띠에 연결해서 착용하고 다녔다고 한다.

또 한번은 신정이 도승지로 있을 때의 일이다.

한 벼슬아치가 금붙이에 화려한 문양을 조각한 아름다운 옥대를 차고 있었다. 신정은 우연히 그것을 보고 언젠가는 꼭 빼앗고야 말겠다고 별렀다.

그러던 어느 날, 그 벼슬아치가 업무 때문에 승정원에 들렀다.

신정은 승정원의 우두머리임에도 불구하고 직접 나서서 그가 가져온 사안을 처리해주었다. 그러고는 자기 집무실로 데려가서 차를 대접했다.

신정이 차를 권하면서 말했다.

“앞으로 공과 잘 지내고 싶소.”

“도승지 영감께서 환대해주시니 몸 둘 바를 모르겠습니다.”

“뭘 그런 걸 가지고. 자, 이제 우리 우정의 의미로 옥대를 바꿔 차도록 하십시다.”

"……."

벼슬아치는 그제야 신정의 속셈을 알아채고 슬그머니 일어섰다.

"급한 일이 있어서 그만 가봐야겠습니다."

"그렇다면 내 옥대부터 받으시오. 자!"

신정은 자기 옥대를 넘겨주고 그 사람의 옥대를 억지로 풀었다. 근무처로 돌아온 그는 신정에게 귀한 옥대를 빼앗긴 것이 분해서 동료들에게 하소연했다.

이 소문은 삽시간에 온 궁궐에 퍼졌다. 신정은 그 말을 듣고 말썽이 생길 것이 두려웠다. 그렇다고 해서 진귀한 옥대를 돌려주기도 싫어서 꾀를 냈다.

어둑어둑한 밤, 신정은 수하를 시켜 그 벼슬아치를 승정원으로 불렀다.

그러고는 일부러 사람들이 많은 곳으로 데려가서 모두에게 들으라는 듯 큰 소리로 말했다.

"며칠 전에 공과 내가 우정의 의미로 서로 옥대를 바꿔 찼는데, 공의 옥대가 너무 좋아서 마음이 편치 않았소. 그래서 돌려줄 터이니 사양하지 말고 받으시오."

"……."

신정은 한지로 포장한 옥대를 그의 손에 꼭 쥐여주었다.

그 벼슬아치는 멍한 얼굴로 엉겁결에 옥대를 받았다. 어쨌든 귀한 옥대를 돌려받아서 기분이 좋았다. 서둘러 밖으로 나온 그가 포장지를 벗겨보았다.

그러나 포장지 안에 들어 있는 것은 금붙이 옥대가 아닌 납으로 만든 싸구려 옥대였다.

신정의 간교한 계략에 넘어간 그 벼슬아치는 그날 이후로는 옥대를 빼앗겼다는 말을 할 수가 없었다.

이상의 예는 신정의 비리 중에 빙산의 일각에 불과했다.

신정은 갖고 싶은 것이 있으면 집이든 전답이든 노비든 가리지 않고 기어코 손에 넣고야 말았다. 그 자신이 임금의 비위를 잘 맞춰서 신임을 받고 있고, 아버지는 임금이 가장 신임하는 영의정이니, 설사 재산을 빼앗겼더라도 후환이 두려워 항의하는 사람은 많지 않았다.

이처럼 온갖 비리를 저질러 빼앗은 재물로 인해 신정의 집은 대궐처럼 넓고 화려했다. 또 외출할 때는 금·은으로 장식된 화려한 옷을 입었으며, 타고 다니는 말까지도 번쩍번쩍한 금장식으로 치장을 했다.

조선의 역사를 바꾼 치명적 말실수

거짓말과 위선의 말로

✧✦✧✦✧

신정은 언젠가 아버지가 했던 말을 떠올리며 사약을 들었다.
네 놈은 우리 집안을 망하게 할 위인이다.

1475년^(성종 6) 여름, 영의정 신숙주는 건강이 크게 악화되었다. 성종은 어의를 보내서 신숙주를 치료하도록 했다. 그러나 병은 좀처럼 차도를 보이지 않았다. 도승지로 있던 신정은 아버지를 간호하기 위해 벼슬에서 물러났다.

신숙주는 머리맡에 앉아 있는 신정을 바라보았다.

병수발을 한다고 앉아 있지만 만날 말썽만 일으키는 넷째 아들을 보고 있으면 물가에 내놓은 아이처럼 불안하기만 했다.

신숙주가 아들을 바라보며 말했다.

"정아, 너도 이제 재상이 되었으니 재물은 그만하면 족하지 않느냐? 벼슬아치가 재물만 탐하다가는 그 재물로 인해 반드시 낭패를 보게 되는 법이다. 탐욕을 버리고 네가 맡은 소임에 충실하거라."

"명심하겠습니다."

신정은 조금 뒤에 급한 볼일이 있다며 방을 나갔다.

그날 저녁, 세조 때부터 생사고락을 함께했던 한명회와 정창손이 병문안을 왔다. 신숙주는 아무래도 넷째 아들 신정이 걱정되어서 그들에게 부탁을 했다.

"내가 죽을 날이 얼마 남지 않은 것 같습니다. 죽기 전에 대감들께 청이 하나 있습니다."

"말씀해보시지요."

"다른 자식들은 별걱정이 안 되지만, 넷째 녀석은 아무래도 마음에 걸립니다. 종사에 관계되는 죄만 짓지 않는다면 대감들께서 어떻게든 목숨만이라도 보전해주시기를 부탁드립니다."

"걱정 마시고 어서 건강이나 추스르십시오. 우리가 살아 있는 동안에 공의 자제들이 화를 당하는 일은 결코 없을 겁니다."

며칠 뒤 신숙주는 59년의 파란만장한 생을 마감했다.

세종에게서는 "신숙주는 국사를 부탁할 만한 자다."라는 찬사를 들었고, 세조 또한 "신숙주는 나의 위징이다."라고 칭송하였던, 조선 전기의 정치와 문화 발전에 커다란 업적을 남긴 대학자가 세상을 떠난 것이다.

신숙주는 단종을 지키려다 죽은 사육신과 달리 세조의 편에 섰다는 이유로 변절자라는 비난을 받아 왔다. 그러나 세조 시대부터 성종 초기까지 그의 정치적·학문적 영향력은 절대적이었다.

세종의 원손인 단종에 대한 충성이라는 명분만으로 젊은 나이에 허무하게 목숨을 버린 사육신과 달리 그는 스스로 주군을 선택했다. 그리고 뛰어난 학문과 경륜을 바탕으로 백성들이 잘살 수 있는 많은 정책을 추진했다.

성종은 신숙주가 죽었다는 말을 듣고 친아버지를 잃은 것처럼 슬퍼하며, 조회를 정지하고 동부승지 임사홍을 보내 조문하게 했다. 또 엄청난 물품을 하사하여 국상에 버금가는 장례를 치르도록 했다.

어쨌든 존재만으로도 든든했던 아버지가 세상을 떠나자 신정은 불안했다. 그러나 탐욕스러운 천성을 버릴 수가 없었던지 형제들과 아버지의 여막을 지키던 중에도 재물만 보이면 달려가서 자기 것으로 만들었다.

1477년(성종 8) 8월, 신정이 여묘살이를 마치고 돌아오자 성종은 그를 이조참판에 제수했다. 이조참판은 관리들을 추천하고 관리들의 고과를 매기는 이조의 요직이었다.

이 벼슬은 신정의 재산을 더욱더 늘려주었다. 벼슬을 사려는 사람들과 승진하려는 벼슬아치들이 뇌물을 들고 구름처럼 몰려들었기 때문이다.

이 사실을 알게 된 사헌부 대사헌 이극기가 신정이 청렴하지 못하다며 탄핵 상소를 올렸다. 다른 사람 같으면 당장 삭탈관직을 당할 중죄였다.

그러나 성종은 신숙주의 공을 생각해서 공조참판으로 전보 발령하는 것으로 사건을 마무리했다.

신정은 공조참판으로 자리를 옮겨서도 물품을 빼돌리는 등 각종 비리를 저질렀다. 또다시 대간에서 당장 파직하라는 탄핵 상소를 올렸다.

성종은 이번에도 확실한 물증이 없다는 이유로 신정을 공조참판에서 물러나게 하는 대신에, 종2품인 가정대부 고천군이라는 관작을 제수했다. 이렇듯 성종은 자신을 왕위에 앉힌 신숙주의 공을 생각해서 그 아들에게 최대한의 관용을 베풀었다.

그러자 대간의 탄핵이 더욱 거세어졌다.

성종은 어쩔 수 없이 신정을 외직으로 보내기로 했다.

1481년(성종 12) 1월, 성종은 탄핵을 무마시킬 목적으로 신정을 평안도 관찰사로 임명했다.

그런데 그해에 전국적으로 큰 가뭄이 들었다. 가뭄으로 인해 곡식 생산량이 줄어들자 백성들이 굶주리기 시작했다. 그 이듬해에는 전국 각지에서 굶어 죽는 백성들이 속출했다.

성종은 대신들과 대책회의를 열고, 각 도에 비축해둔 양곡을 적당한 시기에 풀어서 백성들을 구휼하기로 결정했다.

중앙 정계에만 있다가 처음으로 평안도로 내려간 신정은 하루하루가 답답하고 미칠 지경이었다. 어떻게든 공을 세워서 하루라도 빨리 평안도를 떠나고 싶었다.

신정은 서울로 올라가는 가장 빠른 길은 자신이 다스리는 평안도 지역의 백성들로부터 칭송을 받는 것이라고 생각했다.

지금 당장 굶주리고 있는 백성들에게 가장 절실한 것은 먹을거리였다. 그러나 비축해둔 양곡을 백성들에게 배급하라는 어명이 아직 내려오지 않아서 휘하 관속들에게 다른 먹을거리를 찾아보도록 명했다.

이때 한 구실아치가 평안도는 산악 지역이 많으니 도토리를 주워서 백성들에게 나눠주자고 건의했다. 듣고 보니 일리가 있는 말이었다.

신정은 즉시 평안도 관내의 모든 고을에 명하여 군사와 휘하 관속들을 총동원하여 도토리를 줍게 했다. 두 달 동안 온 산을 샅샅이 뒤졌으나, 이미 산짐승들이 먹어 치워서 수확한 도토리는 수십 가마에 불과했다.

신정은 도토리를 백성들에게 나눠주고 조정에 장계를 올렸다.

평안도 관찰사 신정이 굶주리는 백성들을 위해 관내의 관속들과 군사들을 동원하여 도토리 20만 석을 얻었습니다. 그 도토리를 백성들에게 골고루 나누어 주어서 백성들이 허기를 달래는 데 많은 도움이 되었습니다.

성종은 그 장계를 읽고 웃어넘겼다.

그런데 사간원의 수장인 대사간 강자평이 그 장계의 내용을 읽어보고는 성종을 찾아갔다.

"전하를 기만하는 평안도 관찰사 신정을 엄벌에 처하시옵소서!"

"갑자기 그게 무슨 소리요?"

"신정이 굶주리는 백성들을 구휼하기 위해 평안도 내에서 도토리를 20만 석이나 얻었다는 장계를 올렸는데, 이것은 허무맹랑한 거짓이옵니다."

"대사간은 신정의 장계가 왜 거짓이라고 생각하시오?"

"신의 생각으로는 조선 팔도의 도토리를 다 줍는다 해도 결코 20만 석은 되지 않을 것이옵니다."

성종은 신정의 장계가 터무니없는 허위 보고라는 사실을 알면서도 강자평에게 되물었다.

"신정은 그 도토리를 백성들에게 나누어줘서 이미 다 먹어버렸다고 썼는데, 대사간은 그것이 거짓이란 것을 어떻게 증명할 거요?"

"그 그거야, 글쎄……."

"이미 먹어버렸으니 확인할 길이 없다는 거요?"

"그렇사옵니다."

"그런데 어떻게 신정에게 벌을 주자는 말이오? 자고로 죄라는 것은 물증이 있어야 처벌을 하는 것이 아닌가!"

대사간은 아무런 대꾸도 못 하고 슬그머니 물러났다.

신정이 평안도로 내려온 지도 어느덧 1년 반이 가까워지고 있었다. 답답한 마음을 달래려고 평양 기생집을 섭렵했지만 그것도

한 달이 지나고 나니 싫증이 났다. 이때 조정에서 비축해둔 양곡을 풀어 백성들을 구휼하라는 어명이 내려왔다.

신정은 곰곰이 생각했다.

'비축된 양곡을 평안도 관내의 백성들에게 골고루 나눠준다면 한 집에 한 됫박도 돌아가지 않을 것이다. 그렇다면 주었다는 표시도 나지 않는다. 그럴 바엔 차라리 동헌 인근 지역의 백성들에게 듬뿍 나눠줘서 그들에게 칭송을 듣자!'

신정은 이런 결정을 하고 관속들에게 동헌 인근 지역의 백성들에게만 구휼미를 준다는 소문을 내게 했다. 소문을 낸 지 한 시간도 안 돼서 동헌 앞마당은 굶주린 백성들로 인산인해를 이루었다.

신정은 그들의 식구 수를 정확하게 파악하지도 않고 말하는 대로 곡식을 퍼주었다. 백성들 중에 약삭빠른 자는 온 식구들이 돌아가면서 구휼미를 챙겼다. 그 때문에 나중에는 그 곡식을 팔아서 땅과 집을 산 사람도 있었다.

이렇듯 불공평한 배급으로 인해 평안도 외곽 지역 백성들은 굶어 죽는 사람이 속출했다. 반면에 구휼미를 듬뿍 받아서 배가 부른 동헌 인근 백성들은 신정을 부모라고 부르며 칭송했다.

신정은 또 백성들의 칭송을 얻기 위해 관속들을 총동원하여 밥을 지어서 수레에 싣고 다니며 나눠주었다. 그러면서 뛰어난 말재주로 백성들을 위로하니 감격하여 눈물을 흘리는 사람도 많았다.

신정은 그것을 보고 백성들이 진실로 자기를 존경하는 줄 믿었다. 그래서 동네 원로들을 동헌으로 불러 관내에 비축해둔 옷감을 내주면서 "나를 존경한다면 공덕비를 만들어서 대동문 밖에 세워달라."라고 부탁했다.

백성들은 돈까지 대주며 공덕비를 세워달라고 하니 싫다고 할 이유가 없었다. 많은 백성들이 동원되어 신정의 공덕비를 만들고 있을 때, 서울에서 청천벽력 같은 일이 터졌다.

신정이 평안도로 떠나오기 전에 저지른 비행이 탄로 나서 조정에 한바탕 회오리바람이 불기 시작한 것이다.

경상도 고령에 한 사노가 있었다. 그자는 신분은 비록 절에 소속된 노비였지만 수완이 뛰어나서 엄청난 재물을 축적하고 있었다. 절에 들어온 시줏돈을 주지 몰래 빼돌려서 장사를 하여 눈덩이처럼 불렸던 것이다.

신정은 이 소문을 듣고 그 노비를 자기의 소유로 만들기 위해 공문서를 위조했다. 노비가 자기 소유가 되면 자연히 노비의 재물도 자기 것이 되기 때문이었다.

그러나 영민한 노비는 그 공문서를 들고 서울로 올라와서 진짜인지 가짜인지 밝혀달라고 했다. 확인 결과 그 공문서는 신정이 위조한 가짜로 드러났다. 그러나 이 일은 신숙주의 유언을 기억하고 있던 한명회가 그 위조문서를 없애버림으로써 유야무야 넘어가게 되었다. 나중에야 이 사실을 알게 된 사헌부가 신정의 뒷조사를 실시했다.

그런데 뜻밖에도 신정이 다른 문서도 위조한 사실이 밝혀졌다.

조선의 역사를 바꾼 치명적 말실수

신정이 데리고 다니는 반당 문보라, 김건, 김이 등의 차첩差帖이 위조된 문서였다. 여기서 반당은 왕자나 공신, 그리고 정3품 당상관 이상의 벼슬아치들의 신변을 보호하기 위해 나라에서 내리던 오늘날의 경호원과 비슷한 하급 관리이며, 그들의 녹봉은 국가에서 지급했다. 또 차첩은 반당 등 하급 관리의 임명장을 말한다.

사헌부에서 이 사실을 알고 탄핵하자 성종은 처음에는 반신반의했다. 신정이 부정한 짓을 많이 저질렀지만 설마 병조의 관인까지 위조해서 가짜 임명장을 만들 거라고는 생각지 못했던 것이다.

성종은 가짜 임명장과 신정이 전에 승지로 근무하고 있을 때 기록했던 문서들을 가져오게 했다. 그러고는 자세히 비교해보니 글씨체가 신정의 것이 틀림없었다.

그길로 신정은 평안도 관찰사에서 해임되어 서울로 송환되었다.

성종은 의금부에 명하여 신정을 절대로 고문하지 말고 자백을 받으라고 했다. 그러나 신정은 임명장을 위조한 사실이 없다고 딱 잡아떼었다.

사헌부와 사간원에서는 날마다 신정을 참형에 처하라고 상소했다. 반면에 한명회, 정창손 등 훈신들은 신숙주를 봐서라도 신정을 딱 한 번만 용서해달라고 사정했다.

성종도 굳이 신정을 죽이고 싶지는 않았다.

그래서 스스로 죄를 자백하고 용서를 빈다면 목숨은 보전해줄 생각이었다. 그런데 몇 날 며칠이 지나도 신정이 자백했다는 보고는 올라오지 않았다.

그러던 어느 날, 성종은 궐 밖으로 외출을 나갔다가 돌아오는 길에 일부러 의금부에 들렀다.

성종이 신정을 불러놓고 말했다.

"네가 나의 은인이나 마찬가지인 신숙주의 아들로서 죽을죄를 지었으니 내가 심히 측은하게 여긴다. 네가 만일 죄를 자백하고 허물을 뉘우친다면, 나는 너를 석방하여 네 아비에 대한 은혜를 갚으려 한다. 내가 보기에도 네가 차첩을 위조한 것은 분명하다. 그런데 왜 사실대로 말하지 않느냐?"

신정은 성종이 절대 자기를 죽이지는 않을 거라 생각했다. 또 지금껏 버텨왔는데, 이제 와서 자백하면 꼴이 더 우스워질 것 같았다.

그리하여 신정은 전혀 뉘우치는 기색이 없이 성종에게 말했다.

"전하, 신은 절대 차첩을 위조하지 않았사옵니다."

"내 직접 네 글씨를 대조해보았다. 그런데도 뉘우치는 기색이 없으니 한심하도다."

"전하, 신의 말을 왜 못 믿으십니까? 신의 아비 신숙주의 이름을 걸고 맹세컨대 신은 무고합니다. 누군가 신을 미워하는 자가 꾸민 흉계임이 분명하옵니다. 그자를 잡아서 신과 대질시켜주소서!"

신정은 입술에 침도 안 바르고 거짓말을 했다.

신정이 임금 앞에서 이런 배짱을 부리는 것은 세조 때부터 훈신인 아버지와 마찬가지로 자기도 친공신인데, 설마 고문까지 하겠냐는 생각 때문이었다.

성종은 신정의 거짓말을 듣다 보니 울화가 치밀었다. 그래서 궁궐로 돌아와 고문을 해서라도 자백을 받으라고 명했다.

지독한 고문이 시작되자 신정은 곧바로 자백했다. 병조의 관리 몇 명과 짜고 위조한 사실을 모조리 자백한 것이다.

모든 죄상이 밝혀지자 젊은 신하들은 신정을 당장 참형에 처해야 한다고 주장했다.

법대로 한다면 신정이 지은 죄는 능지처참을 당해도 마땅한 중죄였다.

그러나 성종은 비록 직첩과 관작은 회수하더라도 생명만은 온전히 보전해주고 싶었다. 그래서 대신들을 불러 신정의 임명장 위조 사건에 대한 어전회의를 열었다.

훈신 한명회와 정창손이 말했다.

"전하, 재상이 인장을 위조했다는 것은 죽어 마땅한 중죄이옵니다. 하지만 신정은 바로 신숙주의 아들입니다. 신숙주는 세종대왕 때부터 나라에 공훈이 있고, 신정 또한 친공신입니다. 그 죄가 종사에 관계되지는 않으니 직첩을 거두고 외방에 유배시켜 공신의 자손을 보전하소서!"

그러자 소장과 대신들이 곧바로 반격에 나섰다.

"전하, 그건 절대 아니 되옵니다. 신정이 범한 간사한 죄는 고려 500년 역사에도 없던 일이옵니다. 신정은 마땅히 참형에 처하시고 그 처자는 종으로 삼아야 할 것입니다."

늙은 훈신들은 목숨을 살려서 귀양을 보내라고 하고, 젊은 대신들은 참형에 처하라는 주장이 팽팽히 맞섰다. 성종은 독단적으로 결정하기가 곤란해서 대신들에게 투표를 실시했다. 그 결과 신숙주의 영향 때문에 살려주라는 대신들이 더 많았으므로 성종은 일단 형벌을 보류했다.

그날 이후로 성종은 며칠 동안 고민했다.

그러다가 마침내 결론을 내렸다. 나라에서 내리는 형벌은 누구에게나 공평해야 한다는 결론을 내린 것이다. 사사로운 정에 이끌려 좋지 않은 전례를 남긴다면 앞으로 나라를 다스리는 데 방해가 될 것이라 생각되어 신정을 죽이기로 한 것이다.

신정이 지은 죄는 참형에 처해야 마땅했다. 그러나 훈신들의 입장을 고려해서 신체를 상하게 해서 죽이기보다는 사약을 내리기로 결정했다. 또 그의 자손들도 노비로 삼지는 않고, 자신이 살아 있는 동안에는 관직에 오르지 못하도록 금고형에 처하기로 했다.

1482년(성종 13) 4월, 신정은 금부도사가 가져온 사약을 바라보며 눈물을 흘렸다. 문득 망나니처럼 살아온 지난날이 후회되었다.

어릴 적부터 잘난 아버지 덕분에 아무런 어려움 없이 호의호식하며 귀공자처럼 살았다. 또 선비라면 누구나 꿈꾸는 재상의 자리까지 올랐다. 그런데 공직 생활을 하면서도 재물을 탐하여 결국 죽음을 앞에 두게 되었으니…….

　신정은 언젠가 아버지가 했던 말을 떠올리며 사약을 들었다.

　"네 놈은 우리 집안을 망하게 할 위인이다."

Part 5

미래를 보지 못해
멸문지화를 당한 신수근

"주인을 따르던 개가 주인을 물 수는 없지 않은가?
더 이상 할 말이 없으니 처분대로 하게."

말은 약과 같은 것이다.

신중히 생각해서 말해야 효과가 나타난다.

_탈무드

'조의제문' 때문에
부관참시를 당한 김종직

❖❖❖❖❖

조의제문은 옛날 중국 초나라의 의제가 항우에게 살해된 것을
조문한다는 글이옵니다. 김종직이 세조대왕을 항우에 비유하고,
의제는 노산군(단종)에 비유해서 이 글을 쓴 것입니다.

　사람은 누구나 인생을 살아가면서 둘 중에 하나를 선택해야 할
경우를 맞는다. 이때 그 선택은 현실에 치우쳐서도 안 되고, 불투
명한 미래만 바라봐서도 안 된다. 현실과 미래가 적절히 조합된
선택이라야 성공을 보장받을 수 있는 것이다.

　특히 정치인들에게 있어서 선택은 탄탄대로가 될 수도 있고,
자신은 물론 가족들 목숨까지도 위태롭게 만들 수 있다.

　조선 전기에 이런 선택의 상황에서 현실을 직시하지 못하고,
잘못된 선택을 하여 멸문지화를 당한 사람이 있다. 그가 바로 성
종과 연산군 대에 활약한 신수근이다.

　신수근은 조선 최대의 폭군인 연산군의 처남이자 진성대군(후에
중종)의 장인이었다. 어느 날, 그에게 중종반정의 핵심 인물인 박원

종이 반정에 동참할 선택의 기회를 준다.

그러나 그는 당시의 기득권에만 연연하여 순간적인 말실수를 한다. 결국 그 말 한마디로 인해 가문은 멸문되고, 사랑하는 딸은 치마바위 전설의 주인공이 되고 말았다.

1495년^(연산군 1) 5월, 연산군은 신수근을 좌부승지로 임명했다.

이튿날 대간인 사헌지평 최보와 사간원 정언 이자견이 연산군을 찾아가 신수근의 인사가 공정치 못하다고 간언했다.

그 첫째 이유는 조정에 공로가 없는 외척에게 왕명 출납을 관장하는 중직은 맡길 수 없다는 것이고, 두 번째는 신수근이 승지직을 감당할 인물이 못 된다는 것이었다.

신수근은 화가 났지만 반박하지 못했다. 대간의 간언이 모두 사실이기 때문이었다.

사실 신수근의 집안은 연산군 시대 최대의 외척이었다.

우선 어머니가 세종의 넷째 아들인 임영대군의 딸이었고, 연산군의 비는 신수근의 여동생이었다. 또 아버지인 신승선은 성종 말기에 정승에 올라 당시에도 우의정으로 있었다. 게다가 신수근은 성종 말기에 좌부승지로 있다가 왕명을 잘못 전달하여 파면된 적이 있었던 것이다.

대간의 말이 틀린 것은 없지만 신수근은 생각할수록 화가 났다. 당시 신수근의 나이는 46세였다. 비록 음관으로 벼슬살이를 시작했지만 그 나이와 경력이면 정3품직인 좌부승지는 결코 높은 벼슬이 아니었다. 그런데도 대간들이 자꾸만 외척이라는 이유를 들어 기를 쓰고 반대하니 부아가 치밀었던 것이다.

신수근은 홧김에 매제인 연산군을 찾아가 좌부승지에서 파면시켜 달라고 부탁했다. 그러나 연산군은 대간들을 불러 신수근을 좌부승지로 임명한 것은 자신의 뜻이 아니라 이조의 천거에 따른 것일 뿐이라고 설명했다.

연산군의 말 한마디로 사건은 일단락되었다.

신수근은 그들에게 받은 수모를 되갚아줄 생각으로 수하들을 시켜 은밀히 뒷조사를 해보았다.

최보는 비록 벼슬은 종5품직인 사헌지평에 불과하지만 사림의 거두인 김종직에게서 학문을 배워 실력이 출중했다. 또 정6품직인 사간원 정언으로 있는 이자견도 사림 출신은 아니지만 흠잡을 데 없는 선비였다. 그들이 워낙 청렴결백했기 때문에 수하들이 가져온 정보는 이것이 전부였다.

신수근은 그들이 너무 청렴결백하다는 것에 또 화가 났다. "털어서 먼지 안 나는 사람이 없다"라는 속담이 있지만, 이들은 그 속담마저 비웃을 정도로 청백리였던 것이다.

어쨌든 신수근은 언젠가는 그들에게 본때를 보여줄 날이 반드시 올 거라 믿으며 가슴속에 원한을 꼭꼭 묻어두었다.

연산군은 조선 최대의 폭군으로 기록되어 있다. 그러나 즉위 초에는 부왕 성종에 버금가는 유능한 임금이었다.

1494년 12월, 연산군이 19세의 나이로 왕위를 이어받았을 때는 백성들의 퇴폐풍조와 관리들의 부정부패가 전국적으로 확산되어 있었다. 성종 시대의 태평성대가 오래 지속되다 보니, 이런 부정적인 모습도 많았던 것이다.

연산군은 등극하자마자 관리들의 부정부패를 뿌리 뽑기 위해 전국 각지에 암행어사를 파견하여 지방 관리들의 흐트러진 기강을 바로잡았다. 또 별시문과를 실시하여 인재를 선발했고, 북방을 자주 침입하던 여진족을 회유하여 변방 지역을 안정시켰다.

또한 문화 정책에도 힘을 기울여 세조 때부터 성종 때까지 3대에 걸친 왕들의 치적을 기록한 『국조보감』을 편찬하여, 후대 왕들의 제왕 수업에 귀감이 되도록 했다.

그러나 연산군은 이 4년 동안에 사림파 관료들에게 염증을 느끼게 되었다. 그들은 사사건건 연산군이 추진하는 일에 간섭을 했고, 정치와는 상관없는 학문을 익히라는 등 들들 볶아댔다. 이런 상황이라 연산군은 시간이 흐를수록 사림파 관리들과는 함께 정치를 할 수 없겠다는 생각을 갖게 되었다.

연산군이 추진하는 정책에 사사건건 시비를 거는 사림파 관리들은 부왕인 성종이 발탁한 사람들이었다.

13세에 왕위에 오른 성종은 7년간에 걸친 정희왕후의 수렴청정이 끝나자 친정을 시작했다. 그러나 조정은 여전히 세조의 사랑을 받았던 공신들과 어머니인 인수대비의 친척들이 정권을 장악하고 있었다. 게다가 정치 일선에서 물러난 한명회 등의 입김도 무시할 수 없었다.

성종은 그들의 세력이 워낙 막강해서 주관대로 정사를 이끌어 갈 수가 없었다. 왕권보다 신권이 우위에 있는 상황이라 훈구대신들과 다른 정치관을 가진 인물들을 등용하여 개혁정치를 펼치기로 했다.

성종은 은밀히 대소 신료들 중에서 적합한 인물을 물색하기 시작했다. 그리하여 성종의 눈에 들어온 인물이 경상도 선산부사로 있던 김종직이었다.

김종직은 경상도 밀양 출신으로 고려 말의 학자인 길재의 학풍을 이어받은 아버지 김숙자로부터 성리학을 배운 학자 출신 관리였다.

그는 젊어서부터 제자를 가르쳐서 김굉필·정여창·김일손·유효인·남효온 등 뛰어난 제자를 많이 배출했다. 또한 중종 때 활약한 조광조도 그의 학풍을 이어받은 김굉필의 제자였다.

1482년(성종 13), 성종은 김종직을 홍문관 응교에 제수하여 중앙 정계로 불러들였다. 그러고는 그를 통해 영남 지역을 무대로 활동하던 사림파 선비들을 발탁하여 주로 간언을 하는 대간직에 등용했다. 그러면서 김종직의 벼슬을 파격적으로 높여주고 사림파 관리들도 급속도로 늘려 나갔다.

그렇게 몇 년이 흘러 김종직은 형조판서가 되어 있었고, 그 제자들도 조정의 한 축을 담당할 정도로 성장해 있었다.

이때부터 의리와 명분을 중시하는 사림파 관리들은 권력을 좌지우지하던 훈구대신들의 부정과 비리를 신랄하게 비판했다. 성종은 배후에서 그들을 지원하며 훈구 세력을 점차 약화시켜 나갔다.

그리하여 마침내 성종 중기부터는 왕권이 한층 강화되었고, 훈구파 대신들의 간섭 없이 소신껏 정사를 펼칠 수 있었다.

김종직의 애제자 중에 김일손이라는 사람이 있었다.

1486년(성종 17)에 문과에 급제한 그는 성종 말기에는 사관史官으로 있었다. 사관이란 궁궐에서 날마다 일어난 일이나 각 지방에서 일어난 일을 기록하는 벼슬을 말한다. 사관이 기록한 원고는 사초史草라고 하며, 사초는 실록을 만드는 중요한 자료가 된다.

김일손은 연산군이 즉위했을 때 정5품 직인 사간원 헌납으로 있었다. 그러나 2년 뒤에 사직하고 고향으로 내려가 학문 연구에 몰두했다.

1498년(연산군 4), 연산군은 『성종실록』 편찬 책임자인 실록청 당상에 좌찬성 이극돈을 임명했다.

이극돈은 성종 시대의 사초를 점검하다가 자신이 전에 저지른 불미스러운 일이 기록되어 있는 것을 발견했다. 전라감사로 있을 때 세조의 비 정희왕후가 죽었는데, 궁중에 향을 바치지도 않고, 관기를 불러 술을 마시고 놀았다는 내용이었다.

이극돈은 눈앞이 캄캄했다. 이 내용이 『성종실록』에 실리면 삭탈관직은 물론이고, 영원히 역사로 기록되어 후손들에게 자랑스럽지 못한 선조가 되기 때문이었다.

이 문제를 해결할 방법은 사초를 쓴 사람을 찾아가서 고쳐달라고 하는 방법밖에 없었다. 자존심이 상했지만 이극돈은 자식 같은 김일손을 찾아가서 사초를 고쳐달라고 사정했다. 그러나 원리 원칙을 중시하는 김일손은 '절대 안 된다'며 딱 잘라서 거절했다.

이 일로 이극돈은 김일손에게 앙심을 품게 되었다.

이극돈은 이 난관을 극복하고 김일손에게도 복수하기 위해서 계략이 뛰어난 무령군 유자광을 찾아갔다. 이극돈이 사정 얘기를 하며 도움을 청하자 유자광은 흔쾌히 승낙했다.

유자광이 쉽게 승낙한 것은 김종직에 대한 원한 때문이었다.

성종 즉위 초, 유자광은 경상도 함양군에 놀러 갔다가 시를 한 수 지었다.

그러고는 그 시를 군수에게 주며 현판으로 걸어놓게 했다.

그 뒤에 김종직이 연로하신 부모님을 가까이서 모시고 싶다며 자청하여 함양군수로 내려갔다. 김종직은 동헌에 걸려 있는 그 시를 보고, 유자광 같은 간신배의 시는 걸어둘 수 없으니 당장 떼어내서 불살라버리라고 명했다.

나중에 유자광은 이 말을 전해 듣고 분개했다. 그러나 김종직이 성종의 신임을 받고 있었기 때문에 도리어 친하게 지내려고 노력했다.

그 후 김종직은 형조판서를 지내다가 병으로 사직하고 고향으로 돌아가서 1492년^(성종 23)에 죽었다. 이때에도 유자광은 조정 요직에 두루 배치되어 있는 김종직의 제자들을 의식해서 제문을 지어 바치며 눈물까지 흘렸다.

그러나 유자광은 함양의 현판 사건을 잊지 않고 있었다. 이미 김종직이 죽었으니 그 제자들을 상대로 복수할 기회를 노리고 있었던 것이다. 그러던 차에 김종직의 수제자인 김일손과 관계된 일로 이극돈이 도움을 청해왔으니 마침내 복수의 기회를 맞은 것이다.

유자광은 먼저 김일손이 작성한 사초들을 보여 달라고 했다.

사초는 임금도 함부로 볼 수 없지만 이극돈은 몰래 빼내어 유자광에게 주었다. 유자광은 사초를 꼼꼼히 살펴서 왕실을 비방한 듯 보이는 자료들만 골라냈다.

그 내용들은 이러했다.

예전에 세조가 세자(예종)의 후궁 권씨를 불렀는데 일부러 오지 않았으며, 세종대왕의 8남 영응대군의 부인이 절에 가서 불공을 드리다가 학조라는 중과 정을 통했다는 등의 내용이었다.

유자광은 그 사초들을 세조에게 사랑을 받았던 노사신·윤필상·한치형 등 훈구파 대신들에게 보여주며, 함께 연산군을 찾아가서 고하자고 했다. 사초에 왕실을 비방하는 내용이 있는 것을 알면서도 임금에게 알리지 않으면 지정불고죄가 되므로 유자광의 말은 협박이나 다름없었다.

1498년(연산군 4) 7월, 유자광은 노사신·윤필상·한치형 등 훈구파 대신들과 함께 연산군을 찾아갔다. 당시 신수근은 도승지로

조선의 역사를 바꾼 치명적 말실수

승진해 있었다.

유자광은 편전 앞에서 대기하고 있는 신수근을 불러 연산군에게 고할 내용을 미리 알려주었다. 그 말을 듣고 사림파 관리들에게 좋지 않은 감정을 품고 있던 신수근도 쾌재를 불렀다.

잠시 뒤 노사신·윤필상·한치형 등 훈구파 대신들은 김일손이 「성종실록」에 왕실을 모독하는 사초를 기록하려 했다고 고발했다. 연산군은 즉각 사초의 내용들을 확인하고 의금부도사를 보내서 김일손을 잡아오게 했다.

며칠 뒤, 김일손은 고향 청도에서 서울로 잡혀왔다.

연산군은 훈구파 대신들과 무령군 유자광, 도승지 신수근만 대동하고 친히 국문을 했다.

"너는 성종대왕의 사초를 기록할 때에 어찌하여 세조대왕 때의 일까지 기록했느냐?"

"역사를 기록할 때는 전왕 때에 기록되지 않은 일도 기입하는 것입니다. 이것은 중국 황실도 마찬가지입니다."

국문이 며칠 동안 계속되었지만 김일손은 끝까지 사관으로서 할 일을 했을 뿐이라고 주장했다. 모진 고문에도 김일손이 계속해서 결백을 주장하자 오히려 유자광과 신수근이 더 안달이 났다. 시간을 끌면 끌수록 김일손이 살아날 가능성은 높아지기 때문이었다.

유자광은 왕실을 모독하는 내용만으로는 부족한 것 같아서 또다시 사초를 꼼꼼히 점검했다. 그리하여 마침내 김일손은 물론 사림파 관리들에게까지 결정타를 날릴 수 있는 사초를 찾아냈다.

유자광이 찾아낸 사초는 김종직이 쓴 「조의제문」이었다.

「조의제문」은 김종직이 고향에 있을 적에 여관에서 잠을 자다가 꾼 꿈을 기초로 지은 조문弔文이었다.

꿈에 초나라 의제(희왕)가 나타나서 '나는 서초 패왕(항우)에게 죽임을 당하여 강물 속에 잠겨 있다'고 말한 것을 기초로 그 글을 지었던 것이다.

김일손은 스승이 지은 그 조문을 『성종실록』의 편찬 자료인 사초에 싣고 칭찬까지 곁들여 놓았다.

유자광은 밤새워 김종직의 「조의제문」을 이해하기 쉽도록 해설했다. 그러고는 다음 날 국문장으로 가져갔다.

김일손은 온몸이 엉망진창이 됐는데도 여전히 무죄를 주장하고 있었다. 이때 유자광이 「조의제문」을 꺼내서 연산군에게 올렸다.

"전하, 이 글을 보시옵소서."

"그게 무엇이오?"

"이것은 김일손의 스승인 김종직이 지은 「조의제문」이옵니다."

"조의제문이 무슨 뜻이오?"

유자광이 기다렸다는 듯 설명하기 시작했다.

"조의제문은 옛날 중국 초나라의 의제가 항우에게 살해된 것을 조문한다는 글이옵니다. 김종직이 세조대왕을 항우에 비유하

조선의 역사를 바꾼 치명적 말실수

고, 의제는 노산군(단종)에 비유해서 이 글을 쓴 것입니다. 즉 세조대왕께서 노산군을 죽였다고 직접 쓸 수 없으니까, 이런 식으로 비유해서 세조대왕을 비난한 것입니다."

"뭐, 뭐라! 당장 이리 가져오시오."

연산군은 유자광이 해설까지 곁들여 놓은 「조의제문」을 몇 줄 읽고 김일손을 쏘아보았다.

"네 이놈! 이래도 네가 결백하다고 주장하느냐?"

"전하, 그 글은 말 그대로 의제를 추모하는 조문일 뿐입니다. 신의 스승 김종직의 문장이 훌륭해서 사초에 기록해놓은 것입니다."

그러나 국문장에 있는 모든 사람들은 김일손의 말은 변명에 지나지 않는다고 결론지었다. 이것으로 김일손은 사형을 면치 못하게 되었다.

그러나 유자광은 김일손만 제거하는 것에 만족하지 않았다. 이번 기회에 아예 조정 내에 있는 김종직의 제자들을 모조리 소탕해버릴 작정이었다.

연산군은 「조의제문」을 읽으면서 얼굴이 붉으락푸르락했다.

유자광은 곁눈질로 연산군을 살피다가 슬그머니 다가갔다.

"전하, 김종직과 김일손 등이 이런 식으로 세조대왕을 비난한 것은 전하를 군왕으로 인정하지 않는다는 뜻도 내포되어 있습니다. 그러므로 김종직과 김일손을 따르는 무리를 철저히 조사해서 모조리 엄벌에 처해야만 조정이 깨끗해질 것입니다."

연산군은 곁에 있는 신수근에게 자문을 구했다.

"도승지는 무령군의 말을 어떻게 생각하시오?"

"신도 무령군의 생각과 같사옵니다. 철저하게 저들의 당파를 가려서 엄벌에 처해야만 차후에 이런 일이 일어나지 않을 것입니다."

연산군은 신수근의 말을 듣고 대대적인 사림 숙청 작업에 나섰다. 대신들의 형식적인 찬성을 구하고, 사사건건 간섭만 하는 사림파 관리들을 모조리 조정에서 몰아내기로 한 것이다.

당시 대소 신료들 중에 김종직계의 제자는 1백여 명이 넘었다. 삼사三司의 대간들을 비롯하여 조정 요직에 고루 분포되어 있었던 것이다.

연산군은 사초를 기록한 김일손, 권오복, 권경유를 가장 먼저 능지처참에 처했다. 그러나 「조의제문」을 쓴 김종직은 이미 죽었기 때문에, 그의 시체를 파내서 허리를 베는 부관참시에 처해졌다.

연산군은 유자광에게 사림파 관리들의 처벌을 맡겼다.

오래전부터 김종직의 제자들을 파악하고 있던 유자광은 평소에 눈에 거슬리던 사람들을 가차 없이 제거했다. 그리고 자신에게 호의적인 태도를 보인 사람들은 유배를 보내는 선에서 끝냈다.

연산군 즉위 초에 신수근의 승지 임용을 반대했던 최보도 김종직의 제자라는 이유로 곤장 80대를 맞고 귀양지에서 죽었다. 이 사건이 바로 사림파 선비들이 최초로 화를 입은 '무오사화'였다.

이로써 성종이 훈구파 세력을 견제하기 위해 발탁했던 사림파 세력은 조정에서 사라졌고, 다시 훈구파들의 세상이 되었다.

무오사화를 일으킨 공으로 유자광은 숭록 무령군 겸 도총부 도총관으로 임명되었고, 신수근도 이조판서로 승진했다.

무오사화 이후로 이 두 사람은 훈구 세력의 중심인물로 부상했고, 조정의 실세가 되어 정국을 이끌어 가게 되었다.

외척 신수근과
감언이설에 속는 연산군

❖❖❖❖❖

전하, 전하의 모후께서는 아무 죄도 없이
억울하게 돌아가셨습니다. 후궁인 엄숙의와 정숙의가
성종대왕께 참소를 하여 돌아가신 것입니다.

　무오사화로 수많은 사림파 관리들이 사라지자 조정에는 연산
군의 뜻을 거스를 사람이 아무도 없게 되었다. 걸핏하면 상소를 올
리던 삼사의 대간들도 목숨을 부지하기 위해 입을 꾹 닫아버렸다.
　이제 그 누구도 연산군이 하는 일에 간섭하지 않았다.
　세조 시대보다 오히려 강력한 왕권으로 마음 놓고 무슨 일이든
행할 수가 있게 된 것이다.
　연산군은 무오사화 후에 처음 몇 년은 의욕적으로 정사를 추진
해 나갔다. 그러나 점차 골치 아픈 정치에 싫증을 느끼게 되었고,
쾌락을 즐기는 쪽으로 시선을 돌렸다. 당시 20대 중반의 혈기왕
성한 청년이었던 연산군은 점차 여색에 빠져들었다.
　임금이 여자를 좋아한다는 소문이 나자 황해도 평산에서 군졸

생활을 하던 김효손이라는 자가 연산군이 궐 밖으로 나왔을 때 자기 처제를 소개했다. 그녀가 바로 연산군을 쾌락의 수렁으로 몰아넣은 장녹수였다.

장녹수의 집안은 본래 양반이었으나 집안이 몰락하여 몸을 팔아서 생활했다. 어려서부터 무척 영리했던 그녀는 사람들의 비위를 잘 맞추어서 시집을 여러 번 갔다. 그러다가 예종의 아들인 제안대군의 노비와 눈이 맞아 결혼을 했다. 그 노비와의 사이에 아들 하나를 낳고 헤어진 뒤, 노래와 춤을 배워서 기생이 되었다. 그녀는 기생 시절에 특히 노래를 잘했는데, 입술을 움직이지 않고 노래를 불러도 소리가 맑아서 손님들의 사랑을 독차지했다.

게다가 30세가 넘은 나이에도 얼굴이 16세 처녀처럼 고왔다.

연산군은 그녀를 보고 한눈에 반하여 궁중으로 불러왔다.

남자 다루는 데는 일가견이 있는 장녹수는 단번에 연산군의 마음을 사로잡았고, 얼마 뒤에는 숙원으로 봉해졌다.

그녀는 네 살 때 어머니를 잃고 드넓은 구중궁궐에서 외롭게 자란 연산군에게 때로는 자상한 엄마처럼, 때로는 다정한 누나처럼 행세하면서 외로운 마음을 달래주었다. 장녹수와 함께 있으면 한없이 편안하고 행복했으므로 연산군은 그녀의 치마폭에 푹 빠져서 조회에도 나가지 않았다.

연산군의 총애를 받게 된 장녹수는 점차 교만해져서 임금을 조종하게 되었다. 연산군이 장녹수의 말이라면 무엇이든 들어주었기 때문에, 그녀의 집에는 아첨하는 벼슬아치들이 가져온 뇌물이

산더미처럼 쌓여갔다.

장녹수는 연산군을 위해 날마다 궁궐로 기생들과 악공들을 불러들여 엄청난 규모의 잔치를 벌였다. 정사는 뒷전이고 날마다 흥청망청 놀다 보니 국고가 점차 바닥을 보이기 시작했다.

그동안 연산군과 장녹수가 흥청망청 쓴 비용은 신수근이 전담하고 있었다.

신수근은 걱정이 돼서 연산군에게 국고가 탕진된 사실을 알렸다. 그러자 연산군은 지방 관청에서 올리는 공물의 양을 늘리라고 했다. 연산군의 향락 비용을 고스란히 떠맡게 된 백성들은 등골이 휠 지경이었다. 그러나 이것도 임시방편일 뿐 연산군의 향락 비용에는 턱없이 부족했다.

그러는 사이 신수근은 경사와 흉사를 겪었다.

경사는 1499년(연산군 5)에 딸이 성종의 둘째 아들인 진성대군(후에 중종)과 혼인한 것이었고, 흉사는 연산군의 장인이기도 한 아버지 신승선이 1502년(연산군 8)에 죽은 것이었다.

신수근은 날이 지날수록 입궐하기가 겁이 났다. 돈이 나올 구멍은 없는데 연산군은 변함없이 장녹수의 치마폭에 싸여 먹고 노는 데 정신이 팔려 있었기 때문이다.

오늘은 또 어떤 방법으로 돈을 만들어서 임금을 즐겁게 해주나?

당시 신수근은 아버지의 삼년상이 아직 안 끝나서 벼슬은 사복

　　　　　　　　조선의 역사를 바꾼 치명적 말실수

시 제조라는 형식적인 자리에 머물러 있었다.

땅이 꺼져라 한숨을 내쉬고 있는데 임사홍이 찾아왔다.

신수근과 마찬가지로 임사홍도 왕실의 외척이었다.

임사홍은 효령대군의 아들인 보성군의 사위였다. 또 그의 맏아들 임광재는 예종의 사위였고, 둘째 아들 임숭재는 성종의 사위였다. 그러니까 임숭재의 부인은 연산군의 이복누이였던 것이다.

이런 연유로 신수근과 임사홍은 아주 가깝게 지냈다.

신수근이 땅이 꺼져라 한숨을 내쉬자 임사홍이 물었다.

"무슨 안 좋은 일이라도 있습니까?"

"걱정입니다. 국고는 바닥나 있는데, 전하께서는 만날……."

"흠…… 지방 관아에서 올라온 공물로도 부족합니까?"

"잘 아시잖습니까. 무슨 좋은 방도가 없겠습니까?"

임사홍은 말없이 한참 동안 벽을 응시하며 생각에 골몰했다. 그러다가 좋은 생각이 떠올랐는지 환한 미소를 지었다.

"내 생각에 효과적으로 국고를 늘리는 방법은 토지밖에 없습니다. 왕실의 토지를 늘리면 곡물 생산량이 많아져서 국고도 늘어날 것입니다."

"그렇지만 어떻게 왕실의 토지를 늘립니까? 토지는 한정되어 있는데?"

"나라에서 준 것을 거둬들여야지요. 지금 공신 가문에서 소유하고 있는 토지가 너무 많습니다. 공을 세운 공신들은 이미 죽었는데, 그 자손들이 고스란히 물려받아서 호위호식하며 살고 있습니다. 그 토지들을 거둬들이면 아마도 왕실의 재정이 지금처럼 쪼들리지는 않을 것입니다."

"……."

신수근은 임사홍의 말을 듣고 연거푸 고개를 끄덕였다.

그들은 곧바로 연산군을 찾아가서 이 사안에 대해 건의했다. 그러자 연산군이 말했다.

"공신전만 거둬서 되겠소?"

"그게 무슨 하명이신지……."

"공신전을 줄 때 노비도 함께 주었을 것 아니오. 그 노비들도 모두 거둬들이시오. 그리고 이 일은 두 대신이 알아서 추진하시오."

"잘 알겠사옵니다."

그들은 연산군의 윤허를 받고 편전을 물러 나왔다.

며칠 뒤, 이러한 사실을 알게 된 훈구파 세력들은 분노했다.

공신전과 노비는 자손에게 물려주도록 법으로 규정되어 있는데, 그것을 회수하겠다니 단결하여 연산군에게 대항하기로 한 것이다.

만약 공신전을 빼앗기면 경제적인 기반이 상실되기 때문에, 그들은 원리원칙대로 말 잘하는 사림파 잔존 세력과 연합했다.

무오사화 이후로 숨죽이며 살아온 사림파 관리들은 훈구파 세력의 기대대로 연산군이 꼼짝하지 못할 내용을 찾아냈다. 그것은 연산군의 증조부인 세조가 편찬을 시작하고 아버지인 성종이 완성한『경국대전』에 실린 공신전에 관한 내용이었다.

훈구파의 중심인물인 윤필상, 이극균, 성준 등은 사림파 관리들을 대동하고 연산군을 찾아갔다. 그들은『경국대전』에 표기된 공신전의 처우 규정을 내밀며 임사홍과 신수근이 추진하고 있는 공신전 회수는 있을 수 없는 일이라는 주장을 펼쳤다.

세조 즉위 초에 편찬을 시작하여 1485년(성종 16)에 공포된『경국대전』에는 "공신들에게 지급된 토지는 자손에게 상속되며, 영구히 세금을 면제한다."라고 명기明記되어 있었던 것이다.

연산군은 뭐라 할 말이 없었다.

훈구파 대신들은 연산군의 표정을 살피며, 이제는 향락 생활은 그만두고 정사에 힘쓰라는 충고까지 하고 편전을 물러 나왔다.

연산군은 부아가 치밀었다. 임사홍과 신수근이 괜한 짓을 제안해서 늙은 대신들의 충고까지 들으니 자존심이 상했던 것이다.

그렇게 시간이 한참 흘러갔다.

연산군은 임사홍이 찾아와도 전과 달리 쌀쌀맞게 대했다.

임사홍은 자칫하다가는 변덕스러운 연산군이 자신에게 화풀이를 할지도 모른다는 생각이 들었다. 그래서 공신전을 회수할 다른 묘안을 찾기로 했다.

몇 날 며칠을 고민한 임사홍은 마침내 기막힌 계략을 생각해 냈다.

그것은 바로 사약을 먹고 죽은 연산군의 생모 폐비 윤씨 사건을 들추어내는 것이었다.

윤씨가 폐위되고 사약을 받기까지의 과정에 관계된 인물들은 대부분 많은 공신전을 소유하고 있는 훈구파였다.

생모에 관해서는 아무것도 모르고 있는 연산군에게 이 사실을 알려주면 분명히 분노하여 옥사를 일으킬 것이다. 그러면 훈구파들을 이 사건에 연루시켜서 제거하고, 그들이 소유하고 있는 토지와 노비를 국고로 환수한다는 계산이었다.

그러나 이 사실을 궁궐에서 알릴 수는 없었다. 선왕인 성종이 "폐비 윤씨 문제는 내가 죽은 100년 뒤까지는 절대로 거론하지 마라."라는 유명을 남겼기 때문이다.

임사홍은 신수근을 만나 그 계략을 설명하고 무슨 수를 써서라도 연산군을 자기 집으로 오게 해달라고 부탁했다.

며칠 뒤, 신수근이 연산군에게 말했다.

"전하, 오늘은 날씨도 청명한데 미행이나 다녀오시지요. 요즘 들어 웬일인지 풍원위가 궐에 들르지 않으니 그 집에도 들르시고 요."

풍원위는 임사홍의 둘째 아들인 임숭재의 관작이었다.

임숭재는 성종의 후궁 숙의 김씨가 낳은 휘숙옹주의 남편이었다. 그는 아버지인 임사홍보다 더 음흉해서 남의 첩을 빼앗아다 연산군에게 바쳐서 신임을 받고 있었다.

날마다 궁궐 문지방이 닳도록 들락거리던 임숭재가 갑자기 발길을 뚝 끊어버려서 연산군도 이상하게 생각하던 참이었다.

조선의 역사를 바꾼 치명적 말실수

연산군은 못 이기는 척 내관 몇 명만 대동하고 미행을 나갔다.

연산군이 임숭재의 집으로 들어서자 기다리고 있던 임사홍이 맨발로 뛰어나왔다. 임숭재와 휘숙옹주도 바로 뒤따라 나와서 머리를 조아렸다.

연산군이 임숭재에게 물었다.

"근래에 왜 궐에 들르지 않았더냐?"

"고뿔을 앓았나이다."

임숭재는 아버지가 시킨 대로 둘러댔다.

그동안 임숭재가 궁궐에 들르지 않은 것은 연산군을 집으로 데려오기 위한 임사홍의 계략이었던 것이다.

연산군이 방으로 들어서자 곧바로 상다리가 휘어질 듯 잘 차려진 주안상이 나왔다. 연산군은 임사홍 부자와 더불어 대낮부터 술을 마시기 시작했다.

이윽고 연산군의 얼굴에 취기가 돌자 임사홍이 갑자기 훌쩍훌쩍 울기 시작했다.

"아니 갑자기 왜 그러시오?"

"황공하옵니다. 전하의 어릴 때 모습이 생각나서…… 네 살 때 모후를 잃으시고 우시던 그 모습이 자꾸만 떠올라서 저도 모르게 그만……."

"폐비 윤씨 얘기는 관두시오!"

"전하, 전하의 모후께서는 아무 죄도 없이 억울하게 돌아가셨습니다. 후궁인 엄숙의와 정숙의가 성종대왕께 참소를 하여 돌아가신 것입니다."

"뭐라! 그 말이 어김없는 사실이렸다?"

"어느 안전이라고 거짓을 고하겠나이까?"

연산군은 분노를 주체하지 못하고 벌떡 일어났다.

"네 이년들을 당장!"

연산군은 부서질 듯 문을 박차고 나갔다.

임사홍과 임숭재는 뒤따라 나가면서 회심의 미소를 지었다.

연산군은 득달같이 궁궐로 돌아와서 엄숙의와 정숙의를 결박하여 뒤뜰로 데려오게 했다. 그러고는 주먹으로 마구 때리고 발로 짓밟았다.

이윽고 저녁이 되자 연산군은 정숙의의 아들인 안양군과 봉안군을 데려오게 했다. 그들이 뒤뜰로 나오자 연산군은 몽둥이를 던져주며 두 사람을 치게 했다. 그리하여 결국 두 후궁은 궁궐 뒤뜰에서 매에 맞아 죽고 말았다.

당시 병석에 있던 인수대비가 그 말을 듣고 시녀들의 부축을 받으며 쫓아 나왔다. 인수대비는 연산군에게 선대왕이 사랑했던 사람들을 그런 식으로 죽일 수 있느냐며 호통을 쳤다. 이미 이성을 잃어버린 연산군은 혼자서는 몸도 가누지 못하는 할머니를 머리로 받아버렸다. 손자에게 얻어맞은 인수대비는 정신을 잃고 쓰러졌다가 며칠 뒤에 죽고 말았다.

연산군은 그래도 분이 안 풀려서 정숙의가 낳은 이복동생 안양군과 봉안군에게 큰칼을 씌워 옥에 가두었다가 곤장을 쳐서 죽였다.

이 사건이 1504년(연산군10) 3월에 시작된 '갑자사화'이다.

그 후로 연산군은 춘추관에 명하여 생모 윤씨의 사사 사건에 관련된 인물들을 철저하게 조사하여 바치라고 명했다. 그리하여 무려 7개월에 걸쳐서 그 명단에 포함된 사람들을 잔혹하게 죽였다.

윤씨의 폐위와 사사에 찬성한 살아 있던 대신들 중에 윤필상·이극균·성준·이세좌·권주·김굉필·이주 등 10여 명은 참형을 당했다. 또 이미 죽은 한치형·한명회·정창손·남효온 등 12명은 부관참시되었다.

이 밖에도 홍귀달·주계군·심원·이유녕·변형량·김처선 등이 참혹한 화를 당했으며, 이들의 8촌 친척까지 연좌시켜 죄를 적용했다.

갑자사화가 이처럼 많은 희생자를 낳은 것은 연산군의 방탕한 생활로 비롯된 공신전 회수 문제가 크게 작용했다.

연산군을 중심으로 공신전을 회수하려는 임사홍, 신수근 등의 궁중파와 그것을 빼앗기지 않으려는 훈구·사림 연합 세력인 부중파 간의 힘의 대결이었기 때문이다.

누이를 살릴 것인가, 딸을 살릴 것인가

✵✵✵✵

주인을 따르던 개가 주인을 물 수는 없지 않은가?
더 이상 할 말이 없으니 처분대로 하게.

갑자사화가 마무리된 뒤, 임사홍은 30년간의 야인 생활을 청산하고 풍성군이라는 관작과 병조판서에 제수되었다.

그러나 신수근은 여전히 사복시 제조에 머물러 있었다. 그 이유는 신수근의 아내 한씨의 아버지 한충인이 인수대비의 친척이고, 폐비 윤씨 사건에 연루되어 곤장을 맞았기 때문이다.

어쨌든 갑자사화는 연산군에게는 생모의 원한을 풀고, 엄청난 공신전도 회수하여 두 가지 소득을 안겨주었다.

회수한 공신전으로 왕실 재정이 풍족해지자 연산군은 다시 사치와 향락에 빠져들었다.

연산군은 먼저 경덕궁에 엄청난 규모의 서총대를 지었다. 서총대란 무관들이 활을 쏠 때 임금이 올라가서 점검하는 대를 말한다.

또 경복궁의 경회루 옆 연못가에 만수산이라는 커다란 산을 쌓아올린 뒤, 봉래궁·일궁·월궁·훼주궁 등을 짓게 했다. 또한 음악에 관한 일을 맡아보던 장악원을 연방원으로 이름을 바꿔서 그곳을 기생들의 모임 장소로 지정했다.

연산군은 대대적인 궁궐 개·보수 공사를 진행하면서 채홍준사, 채청사, 채홍사 등을 전국에 파견하여 미녀들을 구해 오도록 명했다. 여기서 채홍준사는 전라도와 충청도 지역에서 잘생긴 말과 미녀를 구해오는 벼슬을 말하고, 채청사는 아직 결혼하지 않은 미인을 구해 오는 벼슬을 말하며, 채홍사는 미모가 빼어난 기생을 구해 오는 벼슬을 말한다.

이처럼 연산군은 처녀나 유부녀, 양반과 상민 등을 가리지 않고 얼굴과 몸매만 예쁘면 무조건 붙들어 오게 했다. 이리하여 전국에서 붙들려 온 미녀들의 수는 무려 1만 명에 달했다. 이 미녀들은 궁궐과 원각사 등에 분산되어 기거했다. 또 연산군은 기생들 중에서 300명을 가려 뽑아 궁궐에 기거시키면서 쾌락의 대상으로 삼았다.

이때 신수근은 청나라 신임 황제의 등극을 축하하는 하등극사가 되어 연경에 다녀왔다.

사신의 임무를 마치고 귀국하자 연산군은 그를 우의정에 제수했다.

신수근은 대소 신료들의 꿈인 정승이 되었지만 조정 일보다는 연산군의 뒤치다꺼리를 하느라 정신없이 바빴다.

전국에서 뽑아 온 미녀들의 거처를 마련해주고 나면, 연산군은 또다시 일거리를 만들어서 잠시도 쉴 틈을 주지 않았다.

연산군은 사냥을 즐겼는데, 이번에는 도성 밖에 사냥터를 만들라고 명했다. 도성 밖 30리의 민가를 철거하여 사냥터를 만드는 바람에 그곳에 살던 백성들은 오갈 데 없는 유랑민이 되었다.

이런저런 일들을 자꾸 만들어서 백성들의 생활을 도탄에 빠뜨리자 한글로 쓴 투서들이 도성 곳곳에서 발견되었다. 연산군은 그 투서를 보고 분개해서『언문구결』등 한글 관련 서적들을 모두 불태우고 한글 사용을 금지시켰다.

이런 일 처리는 대부분 신수근과 임사홍이 도맡아 처리했다.

우의정이 나라와 백성들을 위해서 할 일도 산적한데, 오로지 왕의 하수인 노릇만 하고 있으니 가족들 보기에 창피할 지경이었다.

이제나저제나! '시간이 지나면 좀 나아지겠지' 생각하며 수족 노릇을 해왔지만 연산군의 사치와 향락은 그칠 기미를 보이지 않았다.

벼슬을 그만두고 싶은 마음이 한두 번 든 게 아니었다. 하지만 연산군을 바라보면서 애태우는 누이를 보면 그럴 수도 없었다.

저 사치와 향락과 퇴폐의 끝은 어디일까?

수많은 미녀들에게 푹 파묻혀 지내던 연산군은 시간이 지날수록 점점 싫증이 났다. 그래서 이번에는 왕실 여자들 쪽으로 눈을 돌렸다.

조선의 역사를 바꾼 치명적 말실수

왕실 여자들 중에서 연산군의 첫 번째 표적은 휘숙옹주였다.

수족처럼 부리는 임숭재의 집을 자주 찾다 보니, 이복누이인 그녀가 여자로 보인 것이었다.

그러던 어느 날, 연산군은 임숭재의 집으로 가서 기어코 이복누이를 범하는 패륜 행위를 저지르고 말았다. 시아버지 임사홍과 남편 임숭재가 있는 집 안에서 보란 듯이 범해버린 것이다.

이 일이 있고 난 얼마 뒤, 임숭재는 화병으로 죽고 말았다.

연산군의 다음 목표는 월산대군의 부인 박씨였다.

월산대군이 성종의 형이므로 연산군에게 박씨는 큰어머니가 되었다. 월산대군의 후실로 들어간 그녀는 박원종의 맏누이이기도 했다.

그 당시 박씨는 월산대군이 죽고 없어서 과부로 외롭게 지내고 있었다.

그런데 중년의 나이인데도 불구하고 얼굴도 곱고 몸매도 날씬했다.

어느 날, 연산군은 세자를 돌봐달라는 핑계로 박씨를 궁궐로 불러들였다. 그러고는 단둘만의 자리를 만들어서 능욕을 하고 말았다. 조카에게 변을 당한 그녀는 부끄러워서 얼굴을 들 수가 없었다. 그날 이후로 연산군은 계속해서 그녀의 육체를 탐닉했다.

1506년(연산 12) 6월, 연산군은 뜬금없이 그녀에게 승평부대부인이라는 존호를 내리고, 성대한 잔치를 베풀었다.

대신들은 물론 궁궐 사람들도 모두 의아해했다.

부부인만 해도 정1품으로 왕비의 친정어머니나 대군의 부인에게 주던 작호였다. 그런데 부대부인은 대원군의 부인에게나 내리는 작호였기 때문이다. 그러니까 선조의 어머니나 흥선대원군의 부인 등이 받는 작호를 큰어머니에게 내린 것이었다.

그 비밀은 그로부터 한 달 뒤에 밝혀졌다.

박씨는 부대부인에 책봉된 한 달 뒤, 갑자기 독약을 먹고 자살했다.

사실은 그녀가 연산군과의 부적절한 관계로 아이를 임신했던 것이다. 시간이 지날수록 배가 점점 불러오자 사람들 보기가 창피해서 극약을 먹고 자살로 생을 마감했던 것이다.

박원종은 나중에야 누이가 남긴 유서를 보고 연산군의 패륜 행위를 알게 되었다. 그동안 누이의 마음고생이 절절이 배어 있는 그 유서를 읽으면서 박원종은 연산군을 권좌에서 몰아낼 생각을 갖게 되었다.

그 시기에 박원종과 비슷한 생각을 가진 사람이 성희안이었다.

성희안은 성종이 자문을 구할 정도로 학문이 뛰어났다. 그는 성종 때 종사관을 지내다가 연산군 때에는 형조참판을 거쳐 이조참판이 되었다.

그러나 연산군의 미움을 받아 당시는 미관말직으로 좌천된 상태였다.

1504년^(연산군 10) 12월, 연산군은 월산대군의 별장인 망원정에

조선의 역사를 바꾼 치명적 말실수

서 중신들을 데리고 연회를 베풀었다.

이윽고 술이 거나해지자 연산군이 중신들에게 시를 짓게 했다.

중신들은 대개 연산군의 비위를 맞추느라 칭송하는 시를 지었다.

그러나 성희안은 시를 이용해서라도 연산군의 비행을 꼬집어 주고 싶어서 일부러 풍자시를 지었다.

"임금은 본래 청류淸流를 좋아하지 않는다."

청류는 명분과 절개를 지키는 깨끗한 사람들을 비유적으로 표현한 말이었다. 즉, 연산군이 청백리 같은 벼슬아치들은 멀리하고, 임사홍이나 신수근 등 아부나 하는 간신들을 가까이한다는 것을 풍자적으로 지적한 시였다.

연산군은 이 시를 읽고 대로하였고, 그 자리에서 성희안을 부사용으로 좌천시켰다. 시 한 수 때문에 종2품 이조참판이 무관 말단 직인 종9품 부사용으로 좌천된 것이다.

체면과 명분을 중시하는 선비에게 이런 식의 인사는 치욕이었다. 그러나 성희안은 시간이 지나면 연산군이 예전의 총기를 되찾으리라 믿으며 말단 직인 부사용도 기꺼이 감내했다.

그러나 1년이 지나고 2년이 가까워져도 연산군은 불러주지 않았다. 들려오는 소리는 연산군의 음란과 향락에서 비롯된 백성들의 원성뿐이었다.

성희안은 마냥 기다리기보다는 차라리 개과천선할 기미가 전혀 보이지 않는 연산군을 내 손으로 몰아내고 새 임금을 세워야겠다는 생각을 하게 되었다.

향락의 수렁에서 허우적대던 연산군은 반미치광이 상태였다. 게다가 궁궐의 방비가 허술해서 뜻이 맞는 동지들만 있다면 적은 병력으로도 충분히 승산이 있을 것 같았다.

생각이 여기에 이르자 동지들을 찾아 나섰다.

성희안이 가장 먼저 생각한 사람은 박원종이었다.

박원종은 오랫동안 무관직에 있어서 따르는 장수들이 많았다. 박원종처럼 뛰어난 능력과 인맥을 가진 인물이 동지가 된다면 반정은 절반은 성공한 거나 다름없었다.

게다가 월산대군의 부인인 누이가 연산군에게 능욕을 당해서 약을 먹고 자살했다는 사실은 알 만한 사람은 다 아는 공공연한 비밀이었다. 그런 그가 연산군에게 좋은 감정을 갖고 있을 리 없었다.

그러나 문제는 그와 전혀 교분이 없다는 것이었다.

그러던 중에 같은 마을에 사는 군자부정 신윤무가 박원종과 절친한 사이라는 것을 알게 되었다. 성희안은 신윤무를 집으로 초대하여 은근슬쩍 반정의 뜻을 내비쳤다. 연산군의 폭정에 불만을 품고 있던 그는 흔쾌히 동참 의사를 밝혔다.

다음 날 신윤무는 박원종의 집으로 찾아가서 이런저런 얘기를 나누다가 연산군의 폭정을 신랄하게 비판했다. 박원종도 원통하게 죽은 누이에 대한 분노 때문인지 벼슬에서 물러나고 싶다고 말했다.

박원종의 마음이 이미 연산군을 떠났다는 것을 간파한 신윤무는 성희안이 반정 계획을 갖고 있으니 동참하라고 권유했다.

박원종은 성희안의 말을 듣고 팔까지 걷어붙였다.

"나도 누이의 유서를 본 후로 줄곧 그런 생각을 하고 있었소. 오늘밤에라도 당장 성 참판을 만나서 계획을 세웁시다."

다음 날, 그들 세 사람은 박원종의 집에서 만나 혈맹을 맺고 각자 반정에 참여할 동지들을 규합하기로 했다.

그렇게 며칠이 지났을 때 반정 세력은 상상 외의 규모가 되었다. 이것은 그만큼 연산군의 폭정에 불만을 가진 세력이 많았다는 것을 의미했다.

반정에 동참할 뜻을 밝힌 사람들의 면면을 살펴보면, 지중추부사 박원종, 부사용 성희안, 이조판서 유순정, 우의정 김수동, 군자부정 신윤무, 군기시첨정 박영문, 수원부사 장정, 사복시 첨정 홍경주 등이었다.

이때 박원종이 반정을 성공으로 이끌려면 책략이 뛰어난 사람이 있어야 한다고 말했다. 성희안은 책략과 모사에 있어 둘째가라면 서러워할 유자광을 추천하였고, 며칠 뒤에 그도 반정 세력에 가담시켰다.

1506년(연산군 12) 8월 어느 날, 우의정 김수동의 집에서 비밀리에 거사 날짜를 결정하기 위한 전략 회의가 열렸다.

성희안이 동지들을 둘러보며 말했다.

"우리 무사들이 궁궐로 쳐들어가면 쌍방에 피해가 클 겁니다. 그러므로 궐 밖으로 나왔을 때 치는 것이 효과적일 것 같은데 좋은 의견들 있으면 말씀하십시오."

궁중 사정에 밝은 신윤무가 탁자를 탁 치며 말했다.

"그렇다면 굳이 날짜는 의논할 필요가 없겠습니다."

"……."

"구월 초하룻날 왕이 기생들을 데리고 장단 석벽에 새로 지은 정자에서 잔치를 벌인다고 합니다. 그날로 정하면 어떨까요?"

"소생 생각도 그날이 좋을 것 같습니다. 호위 군사도 우리 군사력에 비하면 몇 안 되고 방비도 허술할 테니까요."

모두들 찬성했으므로 거사일은 9월 1일로 결정되었다.

연산군이 장단에 놀러 갔다 돌아오는 길목에 군사를 매복시켜 두었다가 기습 공격을 하여 연금시킨다는 계획이었다. 그러고는 궁궐로 돌아와 성종의 2남인 진성대군을 왕으로 옹립한다는 것이었다.

세세한 작전 회의까지 마쳤을 때 유자광이 말했다.

"내 생각엔 우리의 거사를 보다 더 확실하게 성공시키려면 전하의 최측근인 좌상 대감을 끌어들이는 것이 좋을 것 같습니다."

"모든 계획이 세워진 마당에 굳이 그럴 필요가 있겠습니까? 만약에 좌상이 발설이라도 하는 날엔 생각만 해도 등골이 오싹합니다.”

이조판서 유순정의 말에 유자광이 손을 저으며 말했다.

“우리의 거사가 발설될 염려는 없습니다. 좌상은 중전의 오라버니이기 이전에 진성대군의 장인이니까요. 자기 자식이 관련되어 있으니 절대 발설하지는 못할 겁니다.”

“무령군 말씀대로 좌상 대감만 우리 편이 된다면 성공은 떼놓은 당상이지요. 그렇다면 누가 좌상 대감을 만날 겁니까?”

성희안의 말에 모두들 꿀 먹은 벙어리가 되었다.

이 제안을 내놓은 유자광도 입을 꾹 다물고 눈치를 살폈다.

잠시 뒤 박원종이 굵직한 목소리로 말했다.

“내가 좋을 것 같소이다. 좌상과는 오랜 친분도 있으니 박대하지는 않을 겁니다.”

그날 밤 박원종은 신수근의 집으로 찾아갔다.

신수근은 오랜만에 집을 찾아온 박원종을 반갑게 맞았다.

“어서 오시오, 박 대감!”

“좌상 대감, 그간 강녕하셨습니까?”

“덕분에 그럭저럭 지냅니다.”

박원종은 신수근의 해쓱한 얼굴을 보니 마음이 짠했다.

신수근은 환갑이 멀지 않은 나이였다. 그런데도 자식 또래인 연산군의 뒷수발이나 하고 있으니 마음이 아팠던 것이다.

그들은 차를 마시며 한동안 이런저런 얘기를 나누었다. 이윽고 찻잔이 다 비워지자 박원종이 윗목에 있는 장기판을 쳐다보며 말했다.

"좌상 대감, 소생이랑 장기 한 판 두시겠습니까?"

"그럽시다."

장기 알이 놓여지고 게임이 시작되었다.

박원종이 장기 알을 움직이면서 작지만 또렷한 소리로 물었다.

"좌상 대감께서는 누이와 딸 중에 누구와 더 가깝습니까?"

"……."

신수근은 박원종을 뚫어지게 쳐다보며 아무런 대꾸도 안 했다. 짧은 시간이지만 신수근의 뇌리는 오만 생각으로 가득했다. 단순한 질문이 아닌 것은 분명했다.

누이와 딸이라?

누이는 지금의 임금인 연산군의 부인이다. 그렇다면 사위인 진성대군과 오누이처럼 오순도순 잘 살고 있는 딸은 왜 거론했을까?

혹시…….

박원종은 지금까지 연산군이 왕위에 있을 때 벼슬살이를 하면서 한두 번 외직으로 좌천된 적은 있지만 큰 고비는 없었다. 수많은 사람들이 비명횡사한 연산군 시대에 비교적 무난한 벼슬살이를 했던 것이다.

그런데 그가 왜 이런 질문을 했을까?

만약 그가 반역을 모의하고 있다면 큰일이었다. 연산군을 왕위에서 몰아낸다면 추대될 왕자는 진성대군뿐이었다.

만약 그렇다면?

지금껏 쌓아온 권세와 재물이 한순간에 날아갈 수도 있었다.

신수근은 이 모든 것을 불확실한 반정에 걸고 싶지는 않았다. 그래서 박원종의 질문에 동문서답 형식의 답을 했다.

"전하께서 총기를 잃고 방황하고 계시지만 점점 나이가 들면 예전의 모습으로 돌아오실 겁니다. 만약 그렇지 않더라도 우리 대신들은 세자가 슬기롭고 총명하니 그것을 믿고 따라야지요."

박원종은 그 말이 자신의 요청을 거절한 것으로 들렸다. 그래서 이번에는 장기의 궁을 서로 맞바꾸며 물었다.

"이렇게 궁을 맞바꿔서 두면 일수불퇴라지요?"

"……."

신수근은 그제야 박원종이 역모를 계획하고 있다는 것을 확신하고 장기판을 거세게 밀쳤다. 그러고는 목을 쭉 내밀며 소리쳤다.

"차라리 내 머리를 베시오!"

"잘 알겠습니다. 그럼 이만 가보겠습니다."

박원종은 정중히 인사를 하고 신수근의 집을 나왔다. 신수근이 반정에 참여할 뜻이 없음을 확인한 박원종은 그를 가장 먼저 제거하기로 결심했다.

박원종이 돌아간 뒤 신수근은 많은 생각을 했다.

반정이 성공하면 임금의 장인인 부원군이 된다.

그러나 반정이 실패하면 사위와 딸은 역적이 되는데……?

이미 거절을 해버렸으니, 역모 사실을 알려야 하나 말아야 하나?

답답하고 불안해서 온몸에 이가 기어 다니는 것 같았다.

내 결정이 옳은 건가?

1506년(연산군 12) 9월 1일, 연산군에게 선발된 미녀들은 들떠 있었다. 개성 인근에 있는 장단 석벽에 새로 지은 정자로 놀러 가는 날이기 때문이었다.

장단 석벽은 가을 경치가 아주 빼어났다.

연산군은 그 빼어난 경치에 반해서 1504년(연산군 10)에 여주목사 우윤공을 시켜 그 석벽 위에 별궁을 짓게 했다.

화려하게 꽃단장을 한 미녀들이 재잘거리고 있는데, 대전 상궁이 총총걸음으로 다가왔다. 대전 상궁은 미녀들을 못마땅한 표정으로 바라보며 소리쳤다.

"모두 처소로 돌아가거라!"

"마마님, 무슨 말씀이세요? 오늘 장단 별궁에 가는 날이잖아요?"

"전하께서 취소하셨다."

미녀들은 입을 삐죽거리며 각자의 처소로 돌아갔다.

그 시각, 반정 세력의 우두머리인 박원종의 명을 받은 군자부정 신윤무, 전 수원부사 장정, 군기시 첨정 박영문, 사복시 첨정 홍경주 등은 무사들을 이끌고 훈련원에 집결해 있었다.

그때 갑자기 신윤무의 수하가 달려와서 석벽 여행이 취소되었다는 사실을 알렸다. 박원종은 거사를 중지해야 할 판이라 난감했다.

장수들과 한참을 고민하고 있는데, 연락을 담당한 무사가 뛰어와서 아뢰었다.

"대감, 지금 전라도의 군사들이 도성으로 올라오고 있다고 합니다."

전라도에서 귀양살이를 하고 있는 유빈과 이과 등도 반정 동지인데, 그들이 미리 군사를 움직였다는 것이었다. 이 사실이 조정에 알려지면 반정은 시작도 못 해보고 모두 목이 날아갈 판이었다.

박원종은 이판사판이라는 심정으로 곧바로 대궐로 쳐들어가기로 결정했다. 거사가 시작되자 이조판서 유순정은 진성대군의 집으로 달려가서 거사 계획을 알렸다.

신윤무는 본래 계획대로 무사들을 네 패로 나누었다.

한 패는 임사홍의 집으로 보내고, 다른 두 패는 신수근의 아우들인 신수영과 신수겸의 집으로 보냈다. 그리고 나머지는 자신이 직접 인솔하여 신수근의 집으로 달려갔다.

신수근의 집에 도착한 신윤무는 요소요소에 무사들을 배치했다.

무사들을 이끌고 집으로 쳐들어가면 많은 희생자가 나기 때문에 신수근을 집 밖으로 유인하기로 한 것이다.

신윤무의 지시를 받은 관복 차림의 무사가 집 안으로 들어가서 연산군이 부른다고 알렸다. 만날 있는 일이라 신수근은 별 의심 없이 관복으로 갈아입고 교자에 올랐다. 이윽고 신수근 일행이 인적이 드문 곳에 이르자 매복하고 있던 무사들이 교자를 포위했다. 무사들의 살기등등한 기세에 교자꾼들과 반인들은 순식간에 줄행랑을 놓았다.

신수근은 무사들을 지휘하고 있는 신윤무를 보고 귀신을 본 듯 놀라더니 이내 눈을 감았다.

반란은 예상하고 있었지만 그날이 이렇게 빨리 올 줄이야!

신수근은 짐짓 담담한 얼굴로 교자 위에 앉아 있었다.

신윤무가 다가가서 말했다.

"왜 그런 결정을 하셨소?"

"주인을 따르던 개가 주인을 물 수는 없지 않은가? 더 이상 할 말이 없으니 처분대로 하게."

"더 할 말은 없소?"

"주인 덕에 호의호식하며 살았으니 무슨 여한이 있겠나. 다만 딸아이에게 미안할 따름이네."

"그럼 잘 가시오."

신윤무는 장검을 들어 신수근의 목을 쳤다.

이것으로 임사홍과 더불어 연산군의 충복으로 활약한 신수근은 불귀의 객이 되고 말았다. 또 기득권을 포기하기가 아까워서 반정을 거부한 아버지 신수근으로 인해, 그의 딸인 단경왕후 신

조선의 역사를 바꾼 치명적 말실수

씨는 궁궐로 들어간 지 7일 만에 폐위되고 말았다.

사실 중종은 진성대군 시절에 부인 신씨를 무척 사랑했다.

그러나 왕위에 오른 뒤, 반정 공신들의 강력한 요구에 따라 사랑하는 부인을 떠나보낼 수밖에 없었다. 그 후로 중종은 조강지처인 신씨를 잊지 못하고 자주 궁궐 누각에 올라가 그녀가 살고 있을 본가 쪽을 바라보았다.

신씨는 이 사실을 전해 듣고 사랑하는 남편 중종의 그리움을 달래주기 위해 집 뒷동산 바위 위에 함께 살 때 즐겨 입던 분홍색 치마를 펼쳐놓았다. 그 후로 중종은 바위에 펼쳐진 신씨의 치마를 바라보면서 그녀에 대한 그리움을 달랬다고 한다.

이것이 중종과 단경왕후 신씨 사이의 애틋한 사랑을 그린 치마바위의 전설이다.

그날 반정 세력은 별다른 저항 없이 궁궐을 점령했다.

이조판서 유순정은 진성대군을 경복궁으로 모셔와 근정전에서 조선 제11대 임금인 중종에 즉위케 했다.

즉위식이 끝나고 만조백관들의 우렁찬 만세 소리가 울려 퍼질 때 연산군은 처소에서 부들부들 떨고 있었다. 그 곁에는 장녹수와 전비, 김귀비 등 연산군이 가장 사랑했던 여인들이 울먹이고 있었다.

박원종은 수하들을 시켜 후궁들을 끌어내게 했다.

잠시 뒤 그녀들의 비명 소리가 궁궐에 울려 퍼졌다.

박원종은 그날 후궁들이 사가에 숨겨놓은 재산들을 거둬들였다. 그런데 연산군을 5년 동안 치마폭에 끼고 조정을 좌지우지했던 장녹수의 재산은 상상을 초월했다. 뇌물을 받아서 축적한 재산이 국고의 절반을 넘었던 것이다.

그 후로 연산군은 강화도 인근의 교동도에 유폐되었다가 두 달 만에 죽었고, 세자는 강원도 정선으로 귀양을 떠났다.

중종반정은 겉으로 보기에는 향락만 일삼던 폭군 연산군을 몰아내고, 국가 기강을 바로잡으려는 충정에서 비롯된 반란처럼 보인다. 그러나 그 속내를 들여다보면 반정을 주도한 사람들이 대부분 연산군에게 피해를 입은 공통점이 있다는 사실을 발견할 수 있다.

현재 우리가 알고 있는 연산군에 관한 얘기들은 대부분 『연산군일기』에 수록된 내용들이다. 그런데 이 『연산군일기』는 중종반정을 처음으로 계획하고 추진했던 성희안의 주도로 편찬되었다.

그러므로 『연산군일기』에 실린 연산군에 관련된 비행 등은 중종반정을 정당화하기 위해서 꾸며지거나 부풀려진 이야기가 많을 것이다.

따라서 중종반정은 권력에서 소외된 훈구파들이 정권을 장악하기 위해 일으킨 쿠데타였던 것이다.

Part 6

사소한 오해가 낳은
동·서 붕당

"날마다 밥상에 올라오는 조복條鰒을 먹으면서
입으로는 선비인 척하였으니, 다른 사람들의
입방아에 오르는 것도 마땅하다."

군자는 혼자 있을 때, 즉 남이 보고 있지 않을 때나

듣고 있지 않을 때도 언행을 삼가고

자기 스스로를 속이지 않는다.

_대학

무고와 암투로
희생양이 된 사림

❖❖❖❖❖

주상이 임금 자리에 있는 것은 이 어미와 외숙 덕이오.
그런데 그깟 일 하나를 제대로 처리하지 못한단 말이오?

　현재 세계 대부분의 나라들은 정당정치를 채택하고 있다. 정
당정치의 궁극적인 목적은 둘 이상의 정당이 각각 주장하고 있는
정책과 공약을 국민 앞에 펼쳐 보이고, 최종 심판자인 국민의 선
택을 받아 모두가 잘 먹고 잘사는 부강한 나라를 만드는 것이다.

　그러나 우리나라의 정당정치사를 살펴보면 정당들이 내놓은
정책이나 공약은 정권을 차지하기 위한 선거용 홍보 전략으로 이
용되어 왔다. 대통령·국회의원·지방자치단체장 당선자들이 쏟
아낸 공약들이 시행된 것보다는 이런저런 이유로 서랍 속에 처박
혀버린 사례가 훨씬 더 많다는 사실이 그것을 입증한다.

　세기가 바뀌어도 여전히 이런 현상이 되풀이되는 것은 정치인
들이 공공의 이익보다는 소속된 당과 개인의 이익만을 추구하여

무분별한 공약을 남발하기 때문이다.

선거철만 되면 정치인들의 입은 시궁창보다 더 지저분해진다. 오로지 당선되려는 욕심 때문에 경쟁 후보의 좁쌀만 한 문젯거리는 눈덩이처럼 부풀려지고, 자신의 하찮은 자랑거리는 그 누구도 이루지 못한 훌륭한 업적으로 과대 포장된다.

또 정치인들의 공통적인 특기는 말꼬리 잡기다.

경쟁 후보가 좋은 말 백 마디를 할 때는 딴청을 부리다가 단 한 마디의 말실수라도 하면, 그 말꼬리를 집중적으로 물고 늘어져서 결국 궁지로 몰아넣는다.

정치인들의 이런 생존 방식은 조선 중기 이후 계속된 당쟁과 다르지 않다. 알다시피 조선 시대 당쟁은 결국엔 모두가 패배자가 되는 소모적인 정당정치를 보여주는 전형적인 예였다.

우리나라에서 최초로 당파가 생겨난 것은 조선 중기 선조 때다. 당시 기득권층이던 심의겸의 사소한 오해에서 비롯된 말실수가 결국 동인과 서인이라는 당파로 갈라지는 결정적 계기가 되었던 것이다.

조선 제11대 임금인 중종은 진성대군 시절 신수근의 딸이자 연산군의 처조카인 단경왕후와 결혼했다. 그러므로 연산군에게 중종은 이복동생이자 처조카 사위가 되는 셈이었다. 이런 복잡한 가족 관계에도 불구하고 그들 부부간의 금실은 무척 좋았다.

중종은 반정으로 이복형 연산군을 내쫓고 왕위에 오른 뒤에 그

조선의 역사를 바꾼 치명적 말실수

녀를 중전으로 삼았다. 그러자 반정공신들이 한목소리로 중전의 폐위를 주장했다.

그들은 연산군의 처가라는 이유로 그녀의 친정 식구들을 몰살했기 때문에 보복이 두려웠던 것이다.

중종은 자신을 보위에 오르게 한 반정공신들의 강력한 주청에 어쩔 수 없이 눈물을 머금고 조강지처인 단경왕후를 폐했다.

그리하여 후궁인 영돈령부사 윤여필의 딸 숙의 윤씨가 제1계비인 장경왕후로 승격되었다. 그러나 그녀는 중전에 오른 지 8년째 되던 해에 원자(후에 인종)를 낳고 7일 만에 세상을 떠나고 말았다.

그 2년 뒤, 중종은 세 번째로 중전을 간택하게 되었다. 이때 형조판서로 있던 윤순의 입김이 작용하여, 그 조카인 윤지임의 딸이 제2계비인 문정왕후가 되었다. 이런 복잡한 가족사 때문에 원자는 세 살 때부터 계모인 문정왕후의 손에서 자랐다.

권력욕과 시기심이 유달리 강했던 문정왕후는 자기 소생의 왕자가 대통을 잇기를 바랐다. 그러나 그녀는 연달아 공주만 셋을 낳았고, 그러는 사이에 원자는 세자로 책봉되었다. 원자가 5세 때부터 글을 줄줄 읽을 정도로 영특했으므로 대신들의 주청으로 6세 되던 해에 세자로 책봉했던 것이다.

그날 이후로 문정왕후는 어린 세자에게 갖은 학대를 다했다. 그러나 천성이 착하고 효성이 지극했던 세자는 계모의 모진 학대에도 순종했다. 그런데 세자가 20세 되던 해, 문정왕후가 드디어 경원대군(후에 명종)을 낳으면서 외척들 간의 알력 다툼이 조정을 어지럽히기 시작했다.

윤임은 세자의 외숙이었고, 윤원형은 경원대군의 외숙이었다.

이들은 중종 말기부터 대윤·소윤이라 불리며 끊임없이 알력 다툼을 벌였다. 대윤의 윤임 일파는 세자를 지키기 위해 안간힘을 다했고, 소윤의 윤원형 일파는 갖은 방법으로 세자를 폐하고 자기 조카인 경원대군을 세자로 책봉하려 했다.

그러나 인종이 즉위함에 따라 윤임 일파의 대윤이 득세했다.

조광조의 영향을 받아 도학 사상에 매료되어 있던 인종은 사림의 대학자인 이언적과 유관 등을 발탁하여 요직에 등용했다. 인종의 마음을 간파한 이조판서 유인숙은 기묘사화 이후로 고향에 칩거하던 사림들을 천거하여 다시 정권에 참여시켰다.

그러나 정권에 참여하지 못한 일부 사림들은 소윤인 윤원형 일파에 가담함으로써 사림도 대윤과 소윤으로 갈라지게 되었다.

대윤의 윤임 일파는 정권을 차지했지만 소윤 일파에게 별다른 위해를 가하지는 않았다. 단지 튀는 언행을 일삼던 공조참판 윤원형만 대윤의 대사헌 송인수로부터 탄핵을 받아 삭직되었을 뿐이었다.

1545년 7월, 인종이 즉위 8개월 만에 후사 없이 급사하자 이복동생인 경원대군이 조선 제13대 명종으로 즉위했다. 즉위 당시 명종은 13세의 어린아이였으므로 어머니인 문정왕후가 수렴청정을 하게 되었다.

문정왕후는 먼저 공조참판에서 삭직된 동생 윤원형을 예조참의로 복직시켰다. 조정의 실세로 떠오른 윤원형은 곧바로 정적인 대윤 윤임 일파의 제거 작업에 들어갔다.

윤원형은 먼저 병조판서 이기, 호조판서 임백령, 중추부 지사 정순붕 등을 수하로 끌어들였다. 이 세 사람은 사림 세력이 주축인 대윤 일파와 개인적인 원한이 있었다.

이기는 병조판서 후보 물망에 올랐을 때 좌의정 유관의 반대로 곤욕을 치렀고, 임백령은 기생첩 문제로 형조판서 윤임과 심하게 다툰 적이 있으며, 정순붕은 원래부터 사림들을 미워했다.

윤원형의 사주를 받은 그들은 윤임이 중종의 8남인 봉성군을 인종의 후사로 삼으려 했다고 무고했다.

또 대궐 밖으로는 인종이 승하할 당시 윤임이 경원대군의 추대를 원치 않아서 성종의 3남인 계림군을 옹립하려 하였으며, 좌의정 유관과 이조판서 유인숙 등도 이 계획에 동조했다는 소문을 퍼뜨렸다.

문정왕후는 거짓말인 줄 뻔히 알면서도 의정부에 전지를 내려 대윤의 중심인물인 윤임·유관·유인숙 등을 반역음모죄로 다스리게 했다. 이들은 모두 혹독한 고문을 받고 유배를 떠나던 도중에 사사되었다. 또한 계림군도 단지 이름이 거론되었다는 이유만으로 주살되었다.

이 사건이 1545년^(명종 즉위년) 9월에 일어난 '을사사화'다.

정권을 장악한 윤원형은 반역의 잔당을 뿌리 뽑는다며 자신을 따르는 간신들과 함께 평소에 원한이 있거나 마음에 들지 않는 사림들을 삭탈관직시켜 유배를 보내버렸다. 이렇게 몇 년간 지속된 숙청 작업으로 윤원형 일파에게 화를 입은 사람은 무려 100여 명에 달했다.

윤원형은 을사사화를 일으킨 공으로 보익공신이 되었고 서원 군에 봉해졌다. 이것으로 조정에서 문정왕후의 비호를 받는 그를 반대할 세력은 모두 사라지고 말았다.

윤원형이 무소불위의 권력을 휘두르자 승진을 청탁하는 벼슬 아치들과 벼슬을 얻으려는 양반들이 줄을 지어 뇌물을 바쳤다. 날마다 이런 뇌물이 폭주하였으므로 윤원형은 도성에 대궐 같은 집을 13채나 보유하게 되었고, 남의 노비와 논밭을 빼앗은 것도 이루 헤아릴 수 없었다.

게다가 기생 출신인 애첩 정난정에게 푹 빠져서 본부인을 내쫓고 그녀를 정경부인에 봉했다. 그러고는 그녀가 낳은 서얼 자식들을 조정 대신들의 자녀와 혼인시켰다.

윤원형이 온갖 비리로 조정을 어지럽히고 백성들을 도탄에 빠뜨리는데도 대간들은 탄핵할 엄두도 못 냈다. 그의 눈 밖에 나면 목숨을 부지하기도 어렵기 때문이었다.

8년간에 걸친 문정왕후의 수렴청정이 끝나고 명종이 친정을 시작했지만, 권력은 여전히 문정왕후와 윤원형에게 있었다. 간혹 눈치 없는 대간이 윤원형을 탄핵하면 문정왕후는 즉각 명종을 불러 역정을 냈다.

"주상이 임금 자리에 있는 것은 이 어미와 외숙 덕이오. 그런데 그깟 일 하나를 제대로 처리하지 못한단 말이오?"

문정왕후의 이 한마디면 만사 해결이었다.

1563년(명종 18) 1월, 윤원형의 벼슬이 드디어 영의정에 이르렀다. 이 시기부터 그는 조정에 출사하지 않고 집에서 정무를 보았다. 그래서 의정부의 관리들은 보고 사항이나 의논할 일이 생기면 문서를 들고 윤원형의 집으로 달려갔다.

사소한 오해가 낳은
동·서 붕당

❖❖❖❖❖

선비란 모름지기 학문과 인품을 모두 갖춰야 하는 법입니다.
그런데 김효원은 윤 정승 집에 기거하면서 훈도 노릇을 한답니다.
심의겸은 아차 싶었지만 이미 쏟아진 물이었다.

심의겸은 명종의 정비인 인순왕후의 동생이었다.

왕실 외척이라는 배경 덕에 대신들이 많이 따랐지만, 명종의
외삼촌인 윤원형의 위세에 눌려 큰 특혜는 누리지 못했다.

1564년^(명종 19) 10월, 의정부 사인이 된 심의겸은 공무를 처리하
기 위해 영의정 윤원형의 집을 찾아갔다. 공무를 마치고 마당을
나서는데, 윤원형의 사위 이조민이 반가운 얼굴로 다가왔다. 이
조민은 윤원형과 정난정 사이에 태어난 딸의 남편으로 심의겸과
는 전부터 알고 지내던 사이였다.

이조민이 차나 한잔 하자며 서재로 안내했다. 조정을 좌지우지
하는 권신 윤원형의 집답게 서재는 무척 넓고 화려했다. 서재 한
쪽에는 금실 은실로 수놓은 화려한 이부자리가 여러 채 놓여 있

었다.

심의겸이 그 이부자리를 바라보며 물었다.

"이 서재에서 공부하는 유생이 많은 모양입니다."

"그렇습니다. 대과가 얼마 남지 않아서…… 참, 저 이부자리 중
에 하나는 장차 이 나라를 이끌어 갈 재상이 될 재목의 것입니다."

"재상이 될 재목이라? 그 유생이 대체 누구입니까?"

"공께서도 이름은 들어보셨을 겁니다. 김효원 공이라고……
학문이 짧은 우리가 김 공에게 많은 도움을 받고 있답니다."

심의겸은 그 말을 듣고 눈살을 찌푸렸다. 그 당시 김효원은 초
시에 합격하고 대과를 준비하는 선비였지만, 학문이 뛰어나서 선
비들 사이에 이름이 널리 알려져 있었다. 그는 이황과 더불어 당
대 최고의 성리학자로 추앙받고 있던 남명 조식의 수제자였던 것
이다.

심의겸은 김효원의 이부자리를 쏘아보며 마음속으로 생각했다.

'학문을 하는 선비로서 어찌 권세 있는 집안의 무지한 자제들
과 어울린단 말인가. 김효원은 결코 절개 있는 선비가 아니로군.'

심의겸은 여태껏 김효원을 학식과 인품을 갖춘 장래가 촉망되
는 선비라고 생각했었다. 그러나 조정을 혼란에 빠뜨리고 있는
난신 윤원형의 서재에 있는 그의 이부자리를 보고, 재상의 집을
드나들며 아첨이나 하는 비열한 사람이라고 생각하게 되었다.

이듬해 3월, 김효원은 문과에 장원으로 급제했다. 대신들은 너
나없이 수석으로 입격한 김효원을 칭찬했다. 그러나 심의겸은 쓴

웃음을 지으며 못마땅하다는 듯 고개를 저었다. 그러다가 문득 윤원형의 서재에 있던 김효원의 화려한 이부자리가 떠오르자 자신도 모르게 투덜거렸다.

"선비란 모름지기 학문과 인품을 모두 갖춰야 하는 법입니다. 그런데 김효원은 윤 정승 집에 기거하면서 훈도 노릇을 한답니다."

"……."

심의겸이 무심코 뱉은 말에 대신들의 말소리가 뚝 그쳤다.

심의겸은 아차 싶었지만 이미 쏟아진 물이었다. 심의겸이 생각 없이 뱉은 이 한마디로 이제 막 정계에 첫발을 내디딘 김효원은 크나큰 타격을 입었다.

이 말이 대신들 사이에 널리 퍼져서 특출한 실력에도 불구하고 청현직淸顯職에 등용되지 못한 것이다.

청현직은 청환과 현직을 합한 말인데, 청환은 학식과 문벌이 높은 선비에게 시키던 홍문관, 성균관, 규장각 등에 관련된 벼슬을 말한다. 이 벼슬은 비록 지위와 봉록은 높지 않으나, 훗날 고위직에 진출하는 발판이 되는 자리였다.

그로부터 며칠 뒤, 명종 대신 20년간 권력을 휘두르던 문정왕후가 죽었다. 이날을 기다렸다는 듯 문정왕후의 비호 속에서 악행을 일삼던 윤원형을 탄핵하는 상소가 빗발치듯 날아들었다.

탄핵 상소는 대부분 윤원형의 죄상을 나열하며 극형에 처하라는 내용이었다. 명종은 미우나 고우나 혈육이기에 목숨은 살려주

조선의 역사를 바꾼 치명적 말실수

고 관작을 삭탈하는 선에서 마무리 지으려 했다.

이때 한 재상이 문장력이 뛰어난 김효원에게 윤원형을 탄핵하는 상소문을 짓게 하면 어떻겠느냐고 말했다. 심의겸이 비아냥거리듯 대답했다.

"김효원이 전에 윤원형의 집에 자주 출입하였으니, 그 집안 사정을 잘 알 것입니다. 본대로 들은 대로 알아서 잘 짓겠지요."

이 말은 곧 김효원도 윤원형과 한통속이니 소장 짓는 일을 맡기지 말라는 뜻이었다. 그런데 그 말이 또 널리 퍼져서 청렴한 선비임을 자부하는 김효원의 자존심에 커다란 상처를 남겼다.

그런데도 김효원은 불평 한마디 할 수 없었다. 자신은 이제 막정계에 진출한 신출내기이고, 일곱 살 연상의 심의겸은 조정 내에서 이미 중견 관리로 많은 대신들이 따르고 있기 때문이었다.

김효원은 아무런 내색 없이 몸가짐을 단정히 하고 주어진 벼슬살이에 충실했다. 그런 그의 인품을 보고 선배 관리들이 너나없이 벼슬을 추천하였고, 마침내 1567년(명종 22) 5월, 호조좌랑에 임명되었다.

사실 김효원이 윤원형의 집에 들른 것은 장인 때문이었다. 김효원의 장인은 윤원형의 애첩 정난정의 사촌 오빠였다. 또 정난정의 사위 이조민은 김효원의 오랜 친구였다. 이런 관계 때문에 김효원은 사람들의 입방아에 오르내리기 싫어서 처가와는 거리를 두고 살았다.

그런데 어느 날 갑자기 장인이 찾아와서 학문이 뛰어난 사위를 자랑할 속셈으로 김효원을 억지로 끌고 윤원형의 집으로 데려갔다. 마침 그곳에서 오랜 친구인 이조민을 만났고, 대과가 얼마 남지 않아서 밤새워 과거 공부를 했던 것이다.

그런데 심의겸이 그 이부자리를 보고 오해를 했고, 사실 여부도 확인하지 않은 채 이런저런 말로 김효원을 수렁에 빠뜨렸던 것이다.

명종의 뒤를 이어 16세의 선조가 왕위에 오른 지 얼마 지나지 않았을 때였다. 이조전랑 오건이 다른 자리로 옮겨 가면서 후임자로 김효원을 천거하였다.

이조전랑은 정5품직인 정랑과 정6품직인 좌랑을 종합하여 이르는 말이다. 이 자리는 비록 고위직은 아니지만 내외 관직에 적합한 인물을 천거하고 관리들을 심사하는 등 많은 권한을 가진 요직이었다. 그러므로 청렴결백하고 학식이 뛰어난 사람이 아니면 등용되지 못했다. 게다가 이 자리는 예부터 전임자가 후임자를 천거하는 것이 관례였다.

오건이 김효원의 뛰어난 학문과 인품을 보고 천거했는데, 이조참의로 있던 심의겸이 또 반대하고 나섰다. 물론 반대 이유는 김효원이 전에 난신 윤원형의 집에 드나들었다는 점이었다.

당시는 심의겸의 누나인 명종의 비 인순왕후가 어린 선조 대신 수렴청정을 하고 있었기 때문에 심의겸의 입김은 막강했다.

따라서 심의겸의 반대는 곧 탈락을 의미했다.

이 소문이 퍼지자 김효원을 두둔하는 신진 사류들이 한목소리로 심의겸을 성토했다.

"옛날 일을 들추어서 후배의 앞길을 가로막는 것은 권력 남용이다. 심의겸은 왕실 외척이라는 배경을 이용하여 지나치게 국정에 간섭하고 인재의 등용을 방해한다."

그러나 심의겸의 눈치를 볼 수밖에 없는 오건은 이조전랑 자리에 다른 사람을 천거하고 말았다.

그 후로도 김효원은 정언·사헌부 지평 등의 벼슬을 지내면서 정직하고 성실하게 일처리를 하여 대신들의 칭찬이 자자했다. 그리하여 6년이 지난 1574년^(선조 7) 여름, 김효원은 이조전랑으로 임명될 수 있었다.

김효원은 전랑 직에 있으면서 인재를 천거하는 데 있어서 모든 일을 공명정대하게 처리했다. 친분이나 인맥 등은 철저히 배제하고 실력 위주로 인재를 발탁하여 후배 선비들로부터 존경을 받았다.

어느덧 조정 선후배들로부터 두루 인정받는 관리로 성장한 김효원은 이제부터는 자기 목소리를 내기로 했다. 그는 유생들과 술이라도 한잔하게 되면 이런 말로 심의겸에 대한 불편한 심기를 드러냈다.

"심의겸은 성질이 거칠고 생각이 미련하니 요직에는 등용할 수 없는 인물이다."

심의겸은 불같이 화를 냈지만 직접적인 충돌은 피했다. 그런데 더 큰 문제는 그 이듬해 봄에 발생했다.

김효원이 이조전랑 직을 훌륭히 수행하고 홍문관 교리로 승진하자 이조의 관리들이 그 후임으로 심의겸의 동생인 심충겸을 추천했다. 그러나 김효원은 극력 반대했다. 심충겸이 과거에 장원급제한 실력파이지만 외척이라는 이유 때문이었다.

"이조의 관직은 외척 집안의 물건이 아닙니다. 이런 막중한 자리에 외척을 등용해서는 절대 안 됩니다."

그러자 심의겸이 곧바로 반박했다.

"외척이 난신 윤원형의 문객보다는 오히려 낫지 않느냐!"

심의겸의 말에 김효원을 두둔하는 사람들이 반격에 나섰다.

"김효원의 말은 나라를 위하는 마음에서 나온 것인데, 심의겸이 사사로운 일로 훌륭한 선비를 배척하는 것은 매우 옳지 못하다."

심의겸의 편을 드는 사람들도 목소리를 높였다.

"심의겸의 말은 지어낸 것이 아니고 직접 눈으로 보고 귀로 들은 실상을 말한 것뿐이다. 그런데 김효원은 과거에 품었던 원한 때문에 외척이라며 심충겸의 등용을 반대하고 있으니 이것은 소인배들이나 하는 행동이다."

이 사건 이후 그들은 두 파로 갈라져서 서로를 배척하게 되었고, 이때부터 동인·서인이라는 말도 생겨났다. 그것은 김효원의 집이 도성 동쪽인 건천동에 있었고, 심의겸의 집은 서쪽인 정릉동에 있었기 때문이다.

조선의 역사를 바꾼 치명적 말실수

심의겸의 사소한 오해에서 비롯된 무심코 뱉은 말 한마디가 결국 붕당이라는 최악의 결과를 초래한 것이다.

　당시 김효원을 중심으로 한 동인은 대부분 나이가 젊고 총명하며, 학행이 뛰어난 선비들이 많았다. 그러나 심의겸을 중심으로 한 서인은 간혹 어진 사대부도 있었지만, 이익을 탐하는 무리들이 그 가운데 섞여 있었다.

　조정의 원로대신인 우의정 박순 등은 심의겸 편을 들었고, 대사간 허엽은 노신이면서도 김효원 편을 들어 조정은 완전히 두 파로 갈리게 되었다.

　이들 가운데 정철·윤두수·홍성민·구사맹 등은 서인 중에 쟁쟁한 인물이었고, 동인에는 허엽·유성룡·이산해·이발 등이 있었다.

　동인과 서인의 대립은 날이 갈수록 심화되었다.

　이이는 동인과 서인을 화해시켜서 정국을 안정시키려고 무척 노력했다. 그러나 동인들은 서인의 자제들 대부분이 성혼과 이이의 제자였으므로 이이도 서인의 일파라고 단정지어버렸다.

　그러던 어느 날, 이이가 사석에서 한 대신에게 말했다.

　"붕당으로 인해 조정이 시끄러우니 차라리 두 당의 영수를 외직으로 내보냈으면 좋겠습니다. 그러면 좀 잠잠해지지 않을까요?"

　답답한 마음에 한 말이었는데, 그 대신은 선조와 독대한 자리에서 이 말을 그대로 전했다. 선조는 일리가 있다고 생각하여 동인의 영수인 김효원을 부령부사로, 심의겸을 개성유수로 좌천시켰다.

이이는 이 결정이 아끼는 후배인 김효원에게는 너무도 가혹하다는 생각이 들었다. 심의겸의 임지인 개성은 한양에서 지척이지만 김효원이 가야 할 부령은 함경도 오지의 산골 고을이었기 때문이다.

이이는 즉시 선조를 찾아가 재고를 요청했다.

"전하, 김효원은 오랫동안 경연에서 전하를 보좌하였으니, 전하의 학문을 도운 공이 없다고 할 수 없습니다. 그런데 이제 먼 북도로 내치는 것은 유학에 조예가 깊은 신하를 보전하는 길이 아니옵니다. 게다가 김효원은 지금 병중이라 하오니 재고하여 주시옵소서!"

"……."

선조는 간언을 받아들여 김효원을 삼척부사로 재발령했다.

사소한 말다툼으로 붕당을 촉발시킨 두 당의 영수가 외직으로 좌천되었지만 당파는 와해되지 않았다. 오히려 더 결집하여 서로를 비방하고 헐뜯는 데 혈안이 되었다.

그것은 두 당파를 구성하고 있는 세력과 깊은 관련이 있었다.

김효원의 동인은 젊고 실력은 있지만 벼슬은 대부분 하위직에 머물러 있었다. 그러나 심의겸의 서인은 상대적으로 나이는 많지만 벼슬이 높은 기득권층이었다. 따라서 붕당 초기에는 다툼이 일어날 적마다 피해를 보는 쪽이 배경이나 관직이 낮은 동인이었다.

그러나 심의겸이 좌천된 후로 동인과 서인의 세력은 비등해졌고, 사건이 터질 때마다 정권이 뒤바뀌는 상황이 되풀이되었다. 이때부터 동인과 서인은 더 강하게 결집하여 오로지 정권을 차지하기 위해 갖은 방법으로 상대 당파를 헐뜯었다.

날이 갈수록 당쟁이 격화되자 김효원은 자신이 과거에 내뱉었던 말들을 후회하고 책임을 통감했다. 그것은 개성유수, 함경감사 등의 외관직을 전전하고 있는 심의겸도 마찬가지였다.

김효원은 과오를 뉘우치듯 낮은 한직이나 외관직도 하찮게 여기지 않았고, 모든 일 처리에 있어서 청렴결백했다. 그는 죽을 때까지 세 고을의 수령을 지냈는데, 공명정대하고 신속한 일 처리로 모든 고을에서 뛰어난 치적을 남겼다.

조정에서는 그들 때문에 생겨난 동인과 서인이 서로 치고받고 싸우느라 혈안이었지만 김효원은 심의겸과 화해하려고 노력했다.

김효원은 효성이 지극하여 영유 현령으로 있는 아버지를 자주 찾아뵈었다. 그는 아버지를 만나러 갈 적마다 일부러 개성을 거쳐서 갔다. 그것은 개성유수로 있는 심의겸을 만나기 위해서였다.

당시 심의겸도 잘못을 뉘우치고 있었기 때문에 김효원을 반갑게 맞아주었다. 심의겸은 오랜 지기처럼 김효원을 극진하게 대접하며 오해에서 비롯된 지난날의 앙금을 풀려고 노력했다.

세월이 흘러 심의겸은 말년에 벼슬에서 물러나 파주 시골집에

은거했다.

이때 조정에서는 권력을 장악한 동인들이 심의겸에게 벌을 내려야 한다며 끊임없이 탄핵 상소를 올리고 있었다. 왕실 외척으로서 오래도록 임금의 사랑을 받는 자리에 있으면서 권세를 탐하여 마침내 화의 우두머리가 됐으니 중벌로 다스려야 한다는 것이었다.

그러나 선조는 심의겸에게 그렇게 큰 죄가 없고, 자신을 친자식처럼 대해준 인순왕후를 생각해서 벌을 내리지 않았다.

그러던 어느 날, 심의겸의 부인이 밥상을 내왔다.

심의겸은 밥상을 바라보며 혼잣말로 중얼거렸다.

"날마다 밥상에 올라오는 조복條鰒을 먹으면서 입으로는 선비인 척하였으니, 다른 사람들의 입방아에 오르는 것도 마땅하다."

여기서 조복은 궁중에서 만든 특별한 반찬으로 왕실 외척들에게만 나누어 보내는 것을 말한다.

심의겸의 말뜻은 왕실 외척으로서 특권을 누려온 것은 부인할 수 없는 현실인데, 말실수를 하여 결국 조정을 두 파로 갈라지게 만들었으니, 구설수에 오르는 것도 당연하다는 후회의 말이었다.

얼마 뒤, 김효원이 황해도 안악군수로 부임했을 때 심의겸이 세상을 떠났다는 소식이 전해졌다. 김효원은 눈물을 흘리며 그의 죽음을 애도했다.

그로부터 3년 뒤, 김효원마저 세상을 떠났지만 동인과 서인은 변함없이 정권을 목표로 진흙탕 같은 싸움을 벌였다. 그러다가 같은 당 내에서도 뜻이 맞지 않아 결국 여러 개의 당으로 분열되었다.

동인은 남인·북인으로 갈라졌고, 서인은 노론·소론, 시파·벽파 등으로 시기에 따라 여러 갈래로 갈라졌던 것이다.

Part 7

사도세자를 죽인
나경언의 폭로

"나는 아무 죄도 없소. 그저 돈 몇 푼에 눈이 멀어서

높으신 대감들이 시키는 대로 했을 뿐이오."

험담은 세 사람을 죽인다.

그들은 말하는 사람, 험담의 대상,

그리고 듣는 사람이다.

_미드라시

엄한 아버지, 귀한 아들

✤✤✤✤✤

"신임사화는 노론의 잘못 때문에 일어났다고 생각합니다."
세자의 대답은 화기애애하던 경연장 분위기를 싸늘하게 만들었다.

선거철만 되면 단골 메뉴로 등장하는 것이 비리 폭로다. 선거
열기가 후끈 달아올랐을 즈음, 난데없이 생소한 얼굴이 텔레비전
에 나타나 그럴듯한 자료까지 내보이며, 유력 입후보자가 과거에
저질렀다는 비리를 폭로한다.

폭로자들은 하나같이 폭로의 이유를 국가를 위해서라고 포장
한다. 하지만 속내를 들여다보면 상대 후보 측의 사주에 의한 것
이 대부분이다.

폭로의 내용이 사실이든 거짓이든 폭로자는 엄청난 대가를
받는다. 그리하여 폭로가 성공적인 결과를 낳으면 당선자의 비
호를 받지만 그 반대의 결과로 나타나면 응분의 대가를 치르게
마련이다.

조선 영조 시대에도 집권파의 사주에 의해 폭로자로 나섰다가 폭로를 사주한 노론의 목적만 달성시켜주고, 폭로자는 결국 형장의 이슬로 사라진 사건이 있었다.

그것은 바로 사도세자의 비행을 폭로하여 부왕인 영조가 친아들인 사도세자를 살해하도록 유도한 '나경언의 망언 사건'이다.

조선 후기 왕가에는 대통을 이을 왕자가 무척 귀했다.

보위에 오른 임금은 중전과 후궁 등 부인을 여럿 둘 수 있었지만 웬일인지 왕자가 아주 귀했고, 어렵사리 태어난 왕자도 어린 나이에 죽는 경우가 많았다.

조선 제17대 임금인 효종은 인선왕후 장씨에게서 왕자를 현종 단 한 명만 얻었다. 또 제18대 임금인 현종은 선왕들과 달리 명성왕후 김씨 한 명만 부인으로 두었고 왕자도 숙종뿐이었다.

제19대 임금인 숙종은 인경왕후 김씨를 비롯하여 6명의 부인을 두었지만 왕자는 3명에 불과했다. 원자인 경종은 질투로 유명한 희빈 장씨 소생이고, 둘째인 연잉군(후에 영조)은 궁중에서 허드렛일을 하던 무수리 출신의 숙빈 최씨 소생이었다. 또 셋째인 연령군은 명빈 박씨가 낳았는데, 21세의 젊은 나이에 죽고 말았다.

숙종의 뒤를 이은 제20대 임금 경종은 아예 자식을 낳지 못했고, 즉위 4년 만에 죽어서 이복동생 연잉군이 보위를 이었다.

제21대 임금인 영조도 선왕들과 마찬가지로 왕자는 많이 두지 못했다. 83세까지 장수했던 영조는 재위 기간도 무려 51년 7개월에 달하는 최장수 임금이었지만, 6명의 부인에게서 단 2명의 왕자만 얻었을 뿐이었다.

영조는 연잉군 시절인 1704년(숙종 30), 11세의 나이에 두 살 연상인 정성왕후 서씨와 결혼했다. 그러나 정성왕후는 20세가 넘도록 아기를 갖지 못했다.

숙종은 환갑이 가까운 나이에도 친손자가 단 한 명도 없어서 사대부 집안의 처녀를 골라 영조의 첩실로 들여보냈다.

영조의 첫 번째 첩실인 정빈 이씨는 1719년(숙종 45)에 숙종과 영조가 고대하던 첫아들을 낳았다. 그러나 그 아들은 영조 즉위년에 효장세자로 책봉되었다가 10세가 되던 해에 병으로 죽고 말았다.

영조는 효장세자가 죽고 수년 동안 왕자를 얻지 못했다.

그 사이에 후궁을 둘이나 더 들였지만 왕자는 태어나지 않고 연달아 옹주만 생산했다.

영조의 나이는 어느덧 40세가 훌쩍 넘어버렸다.

이러다가 대통이 끊기는 것은 아닐까?

영조는 불안과 초조 속에서 하루하루를 보내며 제발 보위를 이을 왕자 하나만 점지해달라고 빌고 또 빌었다.

기도가 하늘에 통했던지 1735년(영조 11) 10월, 마침내 두 번째 후궁인 영빈 이씨가 고대하던 원자를 낳았다.

영조는 42세의 늦은 나이에 얻은 원자가 눈에 넣어도 아프지 않을 정도로 예뻤다. 그래서 태어난 지 몇 달 뒤에 원자를 중전의 양자로 삼고, 이듬해 봄에 왕세자로 책봉했다.

사도세자는 어려서부터 무척 총명했다. 3세 때 이미 부왕과 대
신들 앞에서 『효경』을 줄줄 외웠고, 7세 때는 『동몽선습』을 뗐
다. 또한 글씨 쓰는 것을 좋아해서 수시로 글과 시를 써서 대신들
에게 나누어 주기도 했다.

영조는 세자가 10세가 되자 세자익위사 세마세자를 호위하는
종5품 벼슬로 있던 홍봉한의 딸과 결혼시켰다. 동갑내기인 그들
부부는 마치 오누이처럼 알콩달콩 사랑을 키워갔다.

한편으로 세자는 이 시기부터 부왕을 따라 경연에 참석하면서
정치에 관심을 갖기 시작했다. 경연은 임금이 학문을 닦기 위해
서 학식과 덕망이 높은 신하들을 불러 경서와 인덕을 근본으로
나라를 다스리는 도리 등을 토론하던 일을 말한다.

그러던 어느 날, 경연 도중에 한 신하가 세자에게 물었다.

"저하께서는 신임사화에 대해 어떻게 생각하십니까?"

"신임사화는 노론의 잘못 때문에 일어났다고 생각합니다."

세자의 대답은 화기애애하던 경연장 분위기를 싸늘하게 만들
었다. 경연에 참석한 신하들 대부분이 집권파인 노론이었기 때문
이다.

그 신하가 마른침을 꿀꺽 삼키고 다그치듯 물었다.

"왜 그렇게 생각하십니까? 소론이 일으킨 신임사화로 인해서
노론 선비들이 많은 희생을 치렀는데요?"

"소론이 신임사화를 일으켜서 노론을 많이 상하게 했지만, 그 원인을 제공한 것은 노론이기 때문입니다. 만약 노론이 성급하게 나서지 않았다면 신임사화는 일어나지 않았을 겁니다."

그 말에 신하들은 웅성거렸지만, 영조는 흡족한 미소를 지었다. 세자가 어린 나이에도 당시의 정치 상황을 잘 파악하고 있었기 때문이다. 또 그 대답은 영조가 추진하고 있는 당파에 관계없이 인재를 고루 등용한다는 탕평책에 부합되기 때문이었다.

신임사화는 1721년(경종 1)부터 그 이듬해에 걸쳐 왕위 계승을 둘러싸고 노론과 소론 사이에 벌어진 옥사를 말한다.

숙종 시대에는 노론과 소론의 당파 싸움이 치열했다.

숙종은 두 당파를 적절히 이용하며 왕권을 강화시켜 나갔다. 즉, 한쪽 당파가 지나치게 우세하다 싶으면 사건을 만들어서 수세에 몰린 당파에게 힘을 실어주는 것으로 어느 한 당파의 일방적인 독주를 막았던 것이다.

숙종 말기 소론과 노론은 왕위 계승을 둘러싸고 치열한 암투를 벌였다. 이런 현상이 나타난 것은 세자(후에 경종)가 줄곧 병석에 누워 있고, 30세가 가까운 나이에도 대를 이을 자식이 없기 때문이었다.

집권파인 노론은 왕실을 안정시키려면 건강한 연잉군(후에 영조)이 보위를 이어야 한다고 생각했다. 그러나 소론은 장자인 세자가 당연히 보위를 이어야 하며, 그 후대도 세자의 자손으로 왕위를 이어가야 한다고 주장했다.

사실 노론이 연잉군을 지지한 것은 왕실을 위해서라기보다는 자신들의 정권을 유지하기 위한 목적 때문이었다. 세자의 어머니인 희빈 장씨가 노론의 주장으로 사약을 받고 죽었던 것이다.

따라서 노론은 희빈 장씨 소생인 세자가 왕위에 오를 경우에 가해질 보복이 두려워서 연잉군을 지지했던 것이다.

숙종은 두 당파의 알력 다툼을 지켜보며 왕실을 안정시키기 위해서는 노론의 주장이 일리 있다고 생각했다.

1717년(숙종 43), 숙종은 날이 갈수록 몸이 쇠약해지자 집권파인 노론의 영수 좌의정 이이명을 불렀다. 숙종은 주위 사람들을 물리치고 이런 부탁을 했다.

"세자가 너무 병약하고 후사도 두지 못해서 종묘사직이 불안하다. 연잉군을 세제로 삼아 왕실을 튼튼하게 만들어라."

그 이튿날 숙종은 세자 대신 연잉군에게 대리청정을 명했다. 그러자 세자를 지지하던 소론 측이 강력하게 반발했다.

"노론 측이 괜한 트집을 잡아 세자를 바꾸려 한다."

"종사를 위해서 임금이 내린 결단이다."

노론은 소론의 반발을 이렇게 맞받아쳤다.

그러나 숙종은 노론의 기대와는 달리 끝내 세자를 바꾸지 않았고, 3년 뒤에 세상을 떠나고 말았다.

세자가 조선 제20대 임금인 경종으로 즉위하자 노론은 다급해졌다. 노론이 정권을 장악하고는 있었지만, 경종의 말 한마디면

조선의 역사를 바꾼 치명적 말실수

역적의 도당으로 몰릴 수도 있기 때문이었다.

그러나 경종은 병이 더욱 깊어져서 정사를 주관하지 못했다.

1721년(경종 1), 노론은 정권이 소론에게 넘어가기 전에 서둘러서 숙종의 유명을 내세워 연잉군을 세제로 삼을 것을 주청했다. 경종의 건강이 점차 악화되고 있고, 후사마저 없으니 연잉군을 세제로 삼아 왕위가 흔들리지 않게 해야 한다는 것이었다.

그러나 소론의 반대가 워낙 거셌으므로 경종은 선뜻 결정을 내리지 못했다. 노론을 이끌고 있는 4인방인 영의정 김창집·영중추부사 이이명·좌의정 이건명·판중추부사 조태채는 힘으로 밀어붙이기로 했다.

그들은 병석에 누워 있는 경종을 찾아가서 압력을 가했다. 제2대 임금인 정종이 능력이 뛰어난 아우 태종을 세제로 앉히고 정사를 맡겼듯이 연잉군을 세제로 앉히고 섭정을 맡기라는 것이었다.

경종은 소론 측 대신은 단 한 명도 참석하지 않았고, 건강 때문에 앉아 있는 것 자체가 힘든 상황이라 어쩔 수 없이 연잉군을 세제로 책봉하고 섭정을 맡긴다고 윤허했다.

그러자 발등에 불이 떨어진 소론 측이 곧바로 반격에 나섰다.

소론의 4대신인 우의정 조태구·호조참판 조태억·사직 이광좌·좌참찬 최석항 등은 "섭정은 시기상조이며 신하가 간섭할 일이 아니다."라는 상소를 올렸다.

경종은 내심 노론의 행태가 괘씸했으므로 소론의 상소대로 연잉군의 섭정을 취소했다. 또 이듬해부터는 노론을 멀리하고 주로 소론의 중신들과 정사를 의논했다.

경종의 마음이 소론에게 기울자 이조참판 김일경이 저격수로 나섰다.

김일경은 노론이 병석에 있는 임금을 괴롭혀 일방적으로 연잉군을 세제로 책봉하고 대리청정까지 주장한 것은 왕권 교체를 꾀하는 역모라며 탄핵 상소를 올렸다.

경종은 그 탄핵 상소대로 노론의 4인방을 삭탈관직하고 먼 섬으로 귀양을 보냈다. 이것으로 정권은 소론의 차지가 되었다.

소론은 이번 기회에 아예 노론을 싹쓸이할 작정으로 남인계 서얼 출신의 지관 목호룡을 매수하여 상소를 올리게 했다.

목호룡은 일이 잘 성사되면 벼슬을 보장한다는 말에 "숙종이 죽음을 앞두고 있을 때 노론 측이 경종을 살해하려 했다."고 무고했다. 이 무고 사건으로 유배되어 있던 노론의 4인방이 처형되고, 173명에 달하는 노론계 선비들이 처형되거나 유배되었다.

이 사건이 바로 신임사화다.

소론은 그 기세를 몰아 화근의 씨앗인 연잉군까지 제거하기로 했다. 그들은 날마다 경종을 찾아가 연잉군에게도 벌을 내릴 것을 주청했다. 그러나 경종은 연잉군까지 제거하면 대통을 이을 왕자가 없다는 이유로 반대했다.

소론은 경종의 뜨뜻미지근한 태도가 답답하고 불안했다. 만일 연잉군이 보위를 잇는다면 소론을 가만두지 않을 것이 분명하기 때문이었다.

경종의 마음이 워낙 확고했으므로 소론은 작전을 바꿨다. 연잉군을 철저하게 고립시켜서 제풀에 지쳐 스스로 물러나도록 고사 작전을 쓰기로 한 것이다.

그들은 먼저 연잉군의 수족이나 다름없는 내관 장세상을 모함하여 내쫓고, 경종과 왕대비에게 문안하는 것도 일절 금지시켰다. 이로써 연잉군은 동궁에 꼼짝없이 연금된 처량한 신세가 되고 말았다.

연잉군은 냉정하고 지략을 가진 사람이었지만 이때만큼은 정말 죽고 싶은 심정이었다. 궁중의 내관들까지 소론과 한통속이 되어 감시의 눈초리를 번득였기 때문이다.

왕실 내에서 경종과 중신들에게 호통을 칠 수 있는 사람은 숙종의 제2계비인 인원왕후 김씨뿐이었다. 숙종이 죽자 왕대비가 된 그녀는 연잉군보다 7세 연상이었다. 하지만 자기 소생의 자식이 없는 탓에 연잉군을 친아들처럼 아꼈다.

그러나 연금 상태인 연잉군이 왕대비에게 자신의 처지를 알릴 방법이 없었다. 그 당시 연잉군이 거처하던 동궁을 자유롭게 드나들 수 있는 관리는 세자시강원에 소속되어 공부를 도와주던 정7품직인 설서 송인명뿐이었다.

어느 날 저녁, 연잉군은 송인명과 함께 저녁을 들면서 자신의 처지를 하소연했다.

"내가 무슨 죄가 있다고 이렇게 꼼짝을 못 하게 하니 차라리 죽고 싶은 심정뿐이오."

"소신이 왕세제 저하의 마음을 어찌 헤아리지 못하겠습니까. 모쪼록 몸이 건강해야 마음도 강건해지는 법입니다. 수라를 든든히 드십시오."

연잉군은 송인명의 말대로 저녁을 든든히 먹었다.

상궁이 저녁상을 내가자 송인명은 재빨리 문 밖을 살피더니 연잉군에게 귓속말로 속삭였다.

"세제 저하, 바깥 상황이 심상치 않습니다. 아무래도 김일경이 자객을 써서 저하를 해칠 모양입니다. 그러니 오늘 밤에 대비마마의 처소로 피하셔서 후일을 도모하십시오."

"그랬다가 경이 해라도 당하면……."

"소신은 걱정 마시고 우선 저하의 옥체나 보전하옵소서."

송인명은 밤이 깊어 감시의 눈초리가 느슨해지자 연잉군을 목말을 태워 동궁 담을 넘어가게 했다. 연잉군은 그길로 왕대비를 찾아가서 그간의 상황을 설명하고 자신의 결백을 눈물로 호소했다.

"대비마마, 소인으로 인해 조정에 분란이 자꾸 생기니 왕세제 자리에서 물러나겠습니다. 촌부처럼 초야에 묻혀서 조용히 살 작정이오니 윤허하여주시옵소서!"

"나도 왕세제가 죄가 없다는 것을 잘 알고 있소. 내가 주상과 대신들에게 잘 말해볼 터이니 왕세제를 그만두겠다는 말은 거두시오."

왕실 최고 어른인 그녀는 숙종 시절부터 노론과 연잉군을 지지하는 입장이었다.

다음 날 아침, 그녀는 경종을 찾아가 연금을 풀게 했다. 또 소론 측에도 언교를 내려 연잉군은 아무런 죄가 없으니 앞으로 연잉군에 관한 일은 일절 거론하지 말라고 못을 박았다.

대비의 이런 도움 덕분에 연잉군은 가까스로 목숨을 부지할 수 있었고, 2년 뒤인 1724년 8월, 이복형 경종이 죽자 조선 제21대 임금으로 등극했던 것이다.

영조는 보위에 오르자마자 자신을 궁지로 몰아넣었던 소론의 과격파 저격수 김일경과 서얼 출신의 지관 목호룡을 처형시켰다. 그리고 요직을 독점하고 있던 소론계의 영의정 이광좌와 우의정 조태억 등을 내쫓고 노론계를 대거 기용했다.

정권을 장악한 노론은 신임사화에 대한 보복을 주장하며 끊임없이 상소를 올렸다. 그러나 영조는 즉위 초부터 최측근인 송인명·조문명 등의 조언을 받아 탕평책을 구상하고 있었다. 탕평책은 당파에 관계없이 고르게 인재를 등용하여 소모적인 당쟁을 없애고 나라를 안정시키겠다는 영조의 신념이 담긴 정책이었다.

영조는 탕평책의 확고한 의지를 보이기 위해 노론 측의 보복 주장을 물리쳤다. 그래도 노론의 지도자인 영의정 정호와 영중추부사 민진원 등이 포기하지 않고 계속해서 상소를 올리자 영조는 초강수로 맞섰다. 그들을 파직하고 곧바로 즉위 초에 파직했던 소론의 이광좌와 조태억을 정승으로 재기용한 것이다.

영조의 이런 결정으로 노론은 혹 떼려다가 오히려 혹을 붙인 입장이 되고 말았다.

1728년(영조 4) 3월, 소론 출신의 이인좌가 반란을 일으켰다. 소론 위주의 정국이 꾸려졌는데, 소론 출신의 소장파들이 임금을 몰아내겠다고 반란을 일으키는 아이러니한 상황이 발생한 것이다.

이인좌는 숙종 때 전라도 관찰사를 지내다가 노론의 탄핵을 받아 귀양지에서 죽은 이운징의 손자였다. 이 때문에 이인좌는 소론 중에서도 노론이라면 이를 가는 과격파 중의 과격파였다.

이인좌는 영조가 즉위 초에 소론을 배격하자 정희량·이유익·심유현·박필현 등 소론의 과격파와 정계에서 물러나 있던 남인 세력과 연합하여 밀풍군 이탄(소현세자의 증손자)을 왕으로 추대하고 무력으로 정권 탈취를 꾀했다.

그러나 영조가 노론을 물리치고 소론을 대거 기용하자 반란의 명분이 사라져버렸다. 그러는 사이에 뜻을 함께했던 동지들이 하나둘 이탈했고, 반역 모의 사실도 조정에 알려지고 말았다. 그래서 부랴부랴 군사를 일으켰던 것이다.

이인좌는 스스로 대원수라 자칭하며 청주에 진입하여, 충청병사 이봉상 등을 살해하고 청주성을 점령했다. 이어 각처에 격문을 돌려 병마를 모집하고 관곡을 나누어 주며 민심을 얻는 데 주력했다. 그렇게 서울을 향하여 북상하여 목천·청안·진천을 거쳐 안성·죽산에 이르렀다.

조선의 역사를 바꾼 치명적 말실수

이때 반란군 진압을 위해 조정에서 파견한 도순무사 오명항은 이인좌와 같은 소론이었다. 반란군의 지휘자도 소론이고, 진압군의 지휘자도 같은 당파인 미묘한 상황이 연출된 것이다.

어쨌든 도순무사 오명항이 이끄는 관군은 안성에서 반란군을 대파했다. 안성 전투에서 패배한 이인좌는 죽산으로 도피했다. 그러나 관군의 계속적인 추격으로 산사에 숨어 있다가 마을 사람들에게 붙잡혀 서울에서 능지처참되었다.

이인좌의 난을 평정한 것은 소론 사람들이었다. 그러나 반란을 일으킨 사람들도 대부분이 소론이었기 때문에 소론 세력은 난을 평정하고도 조정에서 크게 위축되었다.

정치적 감각이 탁월했던 영조는 이 기회를 놓치지 않고 탕평책의 명분을 강화시켰다. 즉, 노론과 소론이라는 당파에 상관없이 탕평책에 동조하는 사람들을 등용하여 왕권을 강화했던 것이다.

이인좌의 난이 진압된 후로 몇 년 동안은 노론과 소론의 연합 정권이 정국을 이끌었다. 그러나 "팔은 안으로 굽는다."는 말처럼 영조는 점차 자신을 몰아내기 위해 반란을 일으킨 소론을 멀리하게 되었고, 조정의 요직은 차츰차츰 노론계가 장악하게 되었다.

탕평책이 자리를 잡으면서 조정에 평온이 찾아왔다.

그러나 그 평온은 그저 숨 고르기를 하고 있는 휴화산과 다름 없었다. 평온 속에서도 노론은 정권을 사수하기 위해 안간힘을 썼고, 수세에 몰린 소론도 정권 탈환을 목표로 호시탐탐 기회를 엿보고 있었기 때문이다.

영조는 이런 정국을 누구보다도 잘 간파하고 있었다.

그래서 세자가 그런 난관에 직면했을 경우를 대비하여 심하다 싶을 정도로 혹독한 제왕 수업을 시켰다. 세자가 그른 언행을 하면 매몰차게 질책했고, 잘한 일이 있어도 그것은 제왕으로서 당연히 갖춰야 할 품성이라며 칭찬에 인색한 모습을 보였다. 이로 인해 세자에게 부왕은 염라대왕보다 무서운 존재로 느껴졌고, 부왕의 모습을 보는 것만으로도 주눅이 들곤 했다.

고립무원의 왕세자

✤✤✤✤

소론이 백성들을 선동해서 전하를 내쫓고
세자를 보위에 앉히려 한다는 소문이 파다하게 나돌고 있답니다.

1749년^(영조 25), 세자가 15세가 되던 해에 영조는 갑자기 건강을
이유로 대리청정을 맡겼다. 집권파인 노론의 거센 철회 요청에도
불구하고 영조는 국새를 세자에게 넘겼다. 세자에게 모든 정무를
맡기고 자신은 뒤로 물러나서 보고만 받겠다는 것이었다.

세자의 대리청정이 시작되자 수년 동안 숨죽이고 있던 소론이
발 빠른 움직임을 보였다. 남인 세력과 연합한 그들은 세자의 환
심을 사서 정권을 장악하겠다는 야심을 드러냈던 것이다.

세자도 일방적으로 정국을 주도하고 있는 노론 세력을 탐탁지
않게 여겼기 때문에 소론계 중신들과 잦은 접촉을 가졌다.

그러자 집권파인 노론이 즉각 방어에 나섰다.

그들은 세자의 환심을 사기보다는 차라리 세자를 제거하는 쪽

에 초점을 맞추고 세자의 일거수일투족을 감시하기 시작했다. 그들의 1차 목표는 세자의 잘못을 영조에게 고해서 부자지간을 이간시켜 대리청정을 거두게 하는 것이었다.

어릴 때부터 정치 감각이 뛰어났던 세자는 의욕적으로 정무를 처리해 나갔다. 그러면 조정 요직을 장악하고 있는 노론의 중신들은 세자가 처리한 사안들 중에서 잘못한 부분만을 집중적으로 부각시켜 영조에게 귀띔했다.

그럴 때마다 성격이 불같은 영조는 즉각 세자를 불러 호되게 꾸지람을 했다. 마음이 여린 세자는 부왕의 꾸지람을 듣고 나면 극심한 스트레스에 시달렸다.

이런 날이 하루하루 계속되자 세자는 점차 예전의 총명함을 잃어갔고, 정신적으로 문제점을 드러내기 시작했다. 노론의 대신들은 문제아로 변해가는 세자를 바라보면서 속으로 쾌재를 불렀다.

세월이 흘러 1753년^(영조 29)으로 접어들자 노론에게 강력한 지원군이 나타났다. 그 지원군은 궁녀로 있다가 영조와 동침을 하고 후궁으로 책봉된 숙의 문씨였다.

숙의 문씨는 갖은 방법으로 영조의 마음을 사로잡았다. 그로 인해 영조는 다른 후궁들보다 젊고 예쁜 그녀의 처소를 자주 찾게 되었다.

중인 신분의 궁녀였던 그녀는 영조의 총애를 독차지하는 후궁이 되자 헛된 꿈을 꾸게 되었다. 왕자만 생산하면 정신적으로 문제가 있는 세자를 폐하고 왕위를 이어받을 수도 있다는 꿈을 꾸게 된 것이다.

그녀는 그 꿈을 실현시키기 위해 영조에게 갖은 아양을 떨어서 친정 오빠인 문성국을 육상궁 소감 자리에 앉혔다. 육상궁은 정비의 몸에서 태어나지 않은 임금의 친어머니의 신위를 모시는 사당을 말하며, 소감은 그 사당을 관리하는 벼슬을 말한다.

문성국은 시장판을 어슬렁거리며 주색잡기로 소일하던 중인 출신의 소문난 건달이었다. 그런 그가 후궁이 된 여동생 덕분에 종6품직 벼슬에 오르는 벼락출세를 하게 된 것이다.

숙의 문씨는 궁궐 출입이 자유로워진 문성국에게 돈을 듬뿍 쥐여주며 세자의 뒷조사를 시켰다. 문성국은 수하들을 자주 육상궁으로 불러서 술을 거나하게 먹이고는 세자에 관한 자료를 모아오게 했다.

그러나 시장 건달들이 구중궁궐에 있는 세자의 뒷조사를 한다는 것은 한계가 있었다. 그래서 문성국은 세자를 제거하고자 벼르고 있는 노론 세력을 찾아가 도움을 청했다.

영조가 총애하는 숙의 문씨의 오빠가 도움을 청하자 노론은 쌍수를 들고 환영했다. 그러잖아도 나이 많은 중신들이 직접 나서서 세자에 대한 비방을 고자질하는 것이 께름칙했는데, 임금의 사랑을 독차지하고 있는 후궁이 대신해 주겠다니 반가웠던 것이다.

이때부터 노론은 세자를 비방할 자료를 넘겨주고, 숙의 문씨는 그 자료에 거짓말을 보태서 영조에게 고자질하는 역할을 맡게 되었다. 이후로 세자에 대한 공격의 강도는 한층 높아졌다. 덩달아 영조가 세자를 질책하는 횟수도 훨씬 늘어났다.

이로 인해 세자는 1757년(영조 33) 이후부터 병증이 더욱 두드러지게 나타났다. 세자는 답답하고 미칠 것 같으면 정신없이 활을 쏘았고, 몸이 초주검이 될 때까지 검술을 익혔다. 그러다가 병이 발작하면 주위에 있는 궁비와 내시를 찔러 죽였고, 죽인 후에는 문득 후회하곤 했다.

게다가 그해에는 여태껏 든든한 방패막이 역할을 해주던 정성왕후 서씨가 세상을 떠나 세자의 외로움은 이루 말할 수 없었다. 이제 궁중 내에서 세자가 믿을 사람은 아내인 혜경궁 홍씨뿐이었다.

세자가 사면초가의 입장인데도 소론은 오로지 정권을 차지하겠다는 야욕으로 음모를 꾸몄다. 민심을 이용하여 노론만 득세시키는 영조의 정책을 깎아내리고, 다음 왕위를 이을 세자를 부각시키기로 한 것이다.

1758년(영조 34) 봄, 황해도 금천에서 '예언하는 생불'이라는 여자가 나타나서 백성들을 현혹시켰다. 그녀의 뛰어난 말재주에 현혹된 백성들은 그녀의 집 주위로 장사진을 이루었다.

사실 그녀는 원래 말재주가 뛰어난 무당이었다. 그런데 소론 측의 한 인사가 그녀에게 많은 자금을 제공하고 계략을 일러주며 백성들에게 유언비어를 퍼뜨리도록 사주했던 것이다.

그녀는 계획대로 인접 고을인 평산과 신계에 있는 용하다는 무

조선의 역사를 바꾼 치명적 말실수

당들을 차례로 찾아가서 공갈을 했다.

"나는 부처님의 명을 받은 생불의 선녀다. 유교와 무당은 장차 말세의 불바다로 떨어질 것이다. 그러니 그 불바다에서 살아남으려면 생불인 나의 가르침을 받아야 한다."

무당들은 그녀의 범상치 않은 용모와 뛰어난 말재주에 속아 제자가 되었다. 제자 무당들이 죽는 시늉까지 할 정도로 믿음을 보이자 그녀는 마침내 이런 유언비어를 퍼뜨리게 했다.

"지금 궁중에서는 망령 든 늙은 왕이 젊은 후궁의 치마폭에 빠져서 썩은 노론에게 정치를 맡기고 있다. 늙은 왕이 세자를 핍박하는 것은 세자가 유교 책을 버리고 불교 책을 공부하기 때문이다. 그러나 결국 부처님의 공덕으로 세자는 성군이 되어 백성들을 지상의 극락세계로 인도할 것이다."

무당들이 퍼뜨리는 유언비어 때문에 민심이 흉흉해지자 조정에서 암행어사 이경옥을 파견하여 진상 조사를 벌였다. 이경옥은 허술한 옷차림으로 변장하고 황해도 봉산으로 갔다.

생불의 선녀가 기도한다는 집에는 일반 백성들은 물론 과거를 준비하는 선비들까지 많은 사람이 운집해 있었다. 그들은 하나같이 생불에게 소원을 빌러 온 사람들이었다.

이윽고 무당과 비구니의 옷차림을 합쳐놓은 듯한 요상한 차림의 생불이 나타나서 사람들에게 일장 연설을 했다.

"여러 백성들이 가슴에 품고 있는 소망을 이루려면 부처님께 치성을 드려야 한다. 백성들이 잘사는 나라가 되려면 늙은 세력을 없애버리고 젊은 세력이 일어서야 한다. 늙은 세력은 노망한 임금과 완고한 노론의 간신들이다. 젊은 세력은 현명한 왕세자와 소론의 선비들이다. 그러니 당신들 자손이 벼슬하고 귀하게 되기를 원한다면 늙은 세력이 멸망하라고 기도드려야 한다."

생불의 설교는 마치 소론의 대변인인 듯했다.

암행어사 이경옥은 즉각 그녀를 잡아들여 배후가 누구인지 캐물었다. 모진 고문 끝에 결국 그녀는 스승인 금천의 '예언하는 생불'에 대해 실토했다. 하지만 군졸들이 들이닥쳤을 때 그녀는 이미 도망친 뒤였다.

이경옥은 결국 배후자는 밝혀내지 못하고 유언비어를 퍼뜨리던 무당 4명만 잡아서 참형에 처했다.

영조는 영의정 김상로에게 이 사건을 보고받고 마음이 편치 않았다. 무당들의 입을 통해 자신은 여색만 탐하는 늙은 왕이고, 세자는 장차 성군이 되어 이 나라를 태평성대로 이끈다는 말이 백성들에게 퍼진다는 것이 언짢았던 것이다.

그런 영조의 가슴에 숙의 문씨가 다시 불을 질렀다.

"전하, 이번에 일어난 황해도 생불 사건은 소론이 꾸민 일이라 하옵니다. 소론이 백성들을 선동해서 전하를 내쫓고 세자를 보위에 앉히려 한다는 소문이 파다하게 나돌고 있답니다."

"세자가 아무리 못났기로서니 제 아비를 죽이고 보위를 빼앗을 위인은 아니다. 그런 말 말거라."

사실 영조는 내시부를 시켜 그 사건을 은밀히 조사했었다. 그러나 무당들의 배후는 전혀 밝혀내지 못했다.

숙의 문씨가 바짝 다가앉으며 말을 이었다.

"소첩의 말은 전부 다 전하를 위해서 드리는 말입니다. 세자는 광병이 발병하면 늙은 개만 봐도 '이 늙은 놈' 하면서 칼로 쳐 죽인답니다. 세자가 그런 행동을 보이는 것은 소론파들의 충동질 때문이니 세자의 측근부터 처단하십시오. 그러면 세자가 전하께 잘못을 빌고 효심을 되찾을지도 모릅니다."

"……."

숙의 문씨의 말이 거짓인 줄 알면서도 영조는 혹시나 하는 마음을 갖게 되었다. 세자가 소론과 연합하여 반역을 도모한 것이 사실이 아니더라도 앞으로 그럴 가능성은 얼마든지 있기 때문이었다.

1759년^(영조 35) 6월, 엎친 데 덮친 격으로 세자에게 안 좋은 일이 또 하나 생겼다. 66세의 영조가 손녀 같은 15세의 김한구의 딸을 계비로 맞은 것이다.

당시 동갑내기인 사도세자와 혜경궁 홍씨는 계모인 정순왕후보다 열 살이나 많았다.

김한구는 실력 없는 선비였지만 딸이 중전이 되자 오흥 부원군에 봉작되고, 정3품 직인 돈녕 도정에 제수되었다. 하릴없는 선비에서 하루아침에 임금의 장인이 된 김한구에게 노론이 유혹의 손길을 뻗쳤다.

김한구는 중전이 왕자만 낳으면 후궁 출생의 사도세자는 곧바로 폐하고 외손자가 보위를 이어받는다는 말에 노론의 편에 적극 가담했다. 아니 한술 더 떠서 자기가 직접 나서서 사도세자에 대한 비방과 폭로전을 진두지휘하게 되었다.

노론, 숙의 문씨 남매, 정순왕후 부녀의 연합 세력이 세자를 적으로 삼고 펼치는 공격은 상상을 초월했다.

그들은 세자를 모시는 내관들을 매수하여 민가에 들어가 도둑질과 살인을 저지르게 했다. 또 세자와 닮은 종을 골라 사람들이 많은 저잣거리에서 행패를 부리게 만들고, 때로는 민가의 부녀자를 겁탈하도록 했다. 그러고는 그들을 잡아들여서 형식적인 치죄를 한 다음 모두 세자가 시켰다는 거짓 자백을 받아냈다.

이 사건들은 모조리 정순왕후와 숙의 문씨의 입을 통해 영조에게 전해졌다. 그러면 영조는 즉각 세자를 불러 인정사정없이 꾸짖었다. 세자가 억울하다고 항변하면 영조의 꾸지람은 더욱 거세어졌다.

이 때문에 세자의 마음의 병은 날로 악화되었다.

세자는 가슴이 찢어질 듯 답답하면 장인 홍봉한에게 편지를 썼다. 그 편지에는 자신의 병적 증상을 자세히 나열하며 내의원의 약은 아무런 효험이 없으니 민간에서 약을 구해달라는 부탁이 많았다. 홍봉한은 갖은 방법으로 세자를 도왔지만 병세는 좀처럼 차도를 보이지 않았다.

조선의 역사를 바꾼 치명적 말실수

1760년^(영조 36) 7월, 영조는 갑자기 꿈자리가 뒤숭숭하다며 거처를 경희궁으로 옮겼다. 비빈들을 데리고 경희궁에서 두 달만 머물다 오겠다는 말을 남기고 창경궁을 떠난 것이다.

그때 세자는 경덕궁에서 심한 부스럼으로 고생하고 있었다. 온몸에 난 부스럼이 곪아서 고름이 줄줄 흘러나왔다. 어의가 갖은 정성을 다해 치료했지만 부스럼은 좀체 낫지 않았다.

며칠이 지나도 차도가 없자 어의는 온천욕을 권유했다. 세자는 내관을 경희궁으로 보내 부왕의 허락을 받았다.

이때 당시 조정에는 세자를 진심으로 걱정해주는 3명의 대신이 있었다. 그들은 세자에게 학문을 가르치던 좌의정 이후, 영부사 이천보, 그리고 우의정 민백상이었다.

그들은 당파는 비록 세자의 반대편인 노론 소속이지만 아들 같은 세자를 동정해서 영조와 화해시키려고 무진 애를 썼다. 그러나 그것은 소위 노론의 당론에 위배되는 행동이었으므로 노론의 강경파들은 세 대신을 제거하기로 마음먹었다.

그러나 오랫동안 노론의 중진으로 활약해온 그들을 같은 당파에서 탄핵한다는 것은 모양새가 좋지 않았다. 그래서 강경파들은 그들을 효과적으로 제거할 방법을 찾게 되었다.

그런데 2년이 지난 그때까지도 황해도에서 있었던 생불 사건은 여전히 백성들의 입에 오르내리고 있었다. 노론 강경파들은 그 사건과 연계시켜 세자를 감싸고 있는 세 대신을 제거하기로 했다.

노론에서 이런 음모를 꾸미고 있을 때 세자는 부스럼 치료를 위해 온양 행궁으로 출발했다. 좌의정 이후는 세자에게 불상사가 일어날지도 모른다는 생각에 수행을 자청했다.

이윽고 세자 일행은 이틀간의 여행 끝에 온양 행궁에 도착했다.

세자는 스승 이후와 저녁을 들면서 답답한 속내를 털어놓았다.

"좌상, 나는 지금 솔직히 죽고 싶은 심정뿐이오."

"그게 무슨 말씀이신지?"

"항간에는 아직까지도 내가 반역을 꾀하려 한다는 소문이 떠돌고 있답니다. 좌상도 아시다시피 내가 어찌 부왕을 시해하고 용상을 차지할 반역을 꾸몄겠소?"

"저하, 소신이 저하를 편히 모시지 못해서 생긴 일이오니 벌을 내려주시옵소서!"

"좌상에게 무슨 죄가 있겠소. 모두가 못난 내 탓이지. 사실 나는 부왕이 염라대왕보다 무섭소. 그래서 가깝게 다가가지 못했을 뿐이지 불효하고자 하는 뜻은 전혀 없었소. 그런데 부왕께서는 젊은 문씨한테 홀려서 자꾸 책망만 하시니 이 답답한 마음을 표현할 길이 없구려. 게다가 공연히 나를 위한답시고 흉계를 꾸미는 소론 사람들도 못마땅하오."

"그저 저하께 망극할 따름입니다."

"이렇게 사부에게 속내를 털어놓고 나니 조금은 후련하구려."

사실이었다. 세자는 궁중 내에서는 감시하는 눈이 너무 많아서 어느 누구에게도 살갑게 대할 수가 없었다. 그랬다가는 그 사람이 노론의 집중 공격으로 소리 소문 없이 사라져버리기 때문이었다.

세자는 모처럼 바깥바람을 쐬며 열흘 동안 치료에 전념했다.

그 덕분에 부스럼이 말끔히 낫자 서둘러 서울로 향했다.

세자가 돌아온다는 소식에 노론의 강경파들은 만반의 준비를 갖추고 세 대신의 제거 작업에 돌입했다. 그들은 먼저 어느 당파에도 속하지 않은 사람들을 시켜 이런 소문을 냈다.

"세자가 부왕께 불효하고 반역의 마음까지 품게 된 것은 측근에 있는 세 대신들 때문이다. 그들을 마땅히 엄벌에 처해야 한다."

노론 강경파의 교묘한 심리작전은 세자와 세 대신들을 압박하기에 충분했다. 이런 유언비어가 날이 갈수록 민간에까지 널리 퍼지자 세 대신은 불안해서 잠을 이루지 못했다.

척신들이 주축인 노론 강경파의 덫에 걸리면 세자는 물론 자신들의 가문까지 멸문지화를 피할 수 없기 때문에 세 대신은 마침내 극단적인 결정을 내렸다. 스스로 목숨을 끊어 세자도 살리고 가문도 살리기로 한 것이다.

그리하여 영부사 이천보는 1761년 1월에 목숨을 끊었고, 그 한 달 뒤에는 우의정 민백상이 자결했다. 상황이 이렇게 되자 끝까지 세자를 지켜주겠다던 이후마저 그해 3월에 자결로써 생을 마감했다.

세 대신의 죽음은 세자에게는 크나큰 충격이었다.

진심으로 걱정해주던 스승들이 세상을 버리자 세자는 자포자기했다. 답답한 궁궐을 떠나 어디로든 가고 싶었다.

1761년^(영조 37) 4월, 세자는 호위 내관 두 명만 데리고 무작정 북

쪽으로 말을 달렸다. 그사이에 소론 측에서는 지방 수령들에게 세자가 들르면 표시 나지 않게 응접하라고 알렸다. 노론 측에서도 지방 수령들에게 세자가 여행 중에 어떠한 비행을 저지르는지 낱낱이 보고하도록 지시했다.

세자는 관서 지방을 두루 여행하고 색향으로 유명한 평양에 도착했다. 그러고는 그곳에서 이름난 기생들을 불러들여 주색잡기에 빠져들었다. 그렇게 흥청망청 놀다가 마음에 드는 기생 5명을 골라 서울로 향했다.

세자는 서울로 돌아오던 도중에 잠시 들른 산사에서 수도 중이던 여승 가선에게 반해서 함께 데리고 돌아왔다. 무려 20일 동안 동궁을 비우고 관서 유람을 다녀온 것이었다.

세자는 부왕에게 탄로 날 것이 두려워서 동대문 밖에 집을 마련하고 여승 가선과 평양 기녀들을 기거하게 했다.

세자가 동궁을 비운 사이 조정의 정무는 내관 유인식이 대신 처리했다. 또 입직 승지 구윤옥과 이영휘도 평소처럼 승정원 일을 처리해 나갔다. 내관과 승지들의 함구로 세자의 관서 순행은 비밀에 부쳐지는 듯싶었다.

그러나 이 사실을 모두 알고 있는 노론 측에서 가만있을 리 없었다. 그들은 한 달 뒤에 사헌부 장령 윤재겸을 시켜 상소를 올리게 했다.

상소의 내용은 세자가 20여 일 동안 동궁을 비우고 관서 순행

조선의 역사를 바꾼 치명적 말실수

을 다녀왔는데, 모든 정무가 정상적으로 처리되었고, 내의원에서 까지도 정상적으로 세자를 진찰한 것으로 기록되어 있다는 것이었다.

게다가 당시의 입직 승지인 구윤옥과 이영휘까지도 세자가 동궁에서 정상적으로 일 처리를 했다고 기록했으니, 월권행위를 한 그들에게 벌을 내리라는 것이었다.

뒤늦게 이 사실을 알게 된 영조는 세자의 관서 순행에 관계한 모든 관리들을 삭직시켰다. 또 세자 대신 정무를 처결한 내관 유인식은 사형에 처했고, 다른 내관들은 모조리 곤장을 때려 먼 섬으로 유배를 보내버렸다.

노론 강경파들은 영조가 세자를 불러 한바탕 호통이라도 치기를 은근히 기대했다. 그러나 영조는 극도로 악화된 세자의 건강을 염려해서 그 일은 더 이상 거론하지 말도록 명했다.

다행히 부왕의 질책은 피했지만 이 사건으로 세자는 수족처럼 따르던 수하들을 모두 잃었다. 사방 어디를 둘러봐도 적들뿐인 고립무원의 처지라 세자는 밤이 되면 대궐을 뛰쳐나갔다. 그러고는 동대문 밖에 숨겨둔 평양 기생들과 여승 가선을 만나 밤새껏 술을 퍼마셨다. 그러다가 동이 트면 그녀들을 데리고 시도 때도 없이 출입이 제한된 북한산성을 휘젓고 다녔다.

노론 강경파들은 세자의 이런 비행을 조목조목 정리해서 적당한 때를 기다렸다. 전처럼 대간을 통해 상소를 올렸다가는 영조의 노여움을 사서 많은 사람이 다칠 게 분명하기 때문이었다.

대가성 폭로자, 나경언

❖❖❖❖❖

그자는 노름에 미쳐서 가산을 모두 탕진하고 시장 왈패들에게까지
많은 빚을 지고 있습니다. 그 빚을 갚아주고 처자식이 굶주리지 않을 정도의
엽전만 쥐여주면 불구덩이라도 들어갈 겁니다.

1762년(영조 38) 5월, 도성의 한 기생집에 노론의 중심인물들이
모여들었다.

그들은 전 예문관 제학 윤급, 정순왕후의 아버지 금위대장 김
한구, 경기도 관찰사 홍계희, 그리고 숙의 문씨의 오빠 문성국이
었다.

이들 중에 가장 연장자는 윤급이었다. 선조 때 영의정을 지낸
윤두수의 5대손인 그는 예문관 제학으로 있다가 몇 달 전에 삭직
을 당했다. 세자가 관서 순행을 다녀올 당시 세자를 가르치는 빈
객을 겸임하고 있었기 때문에 그 사건에 연루되어 관직에서 물러
났던 것이다.

경기 감사 홍계희가 품속에서 종이 한 장을 꺼냈다. 글씨가 빼

곡히 적힌 그것은 상소문과 비슷했다.

"소생이 나름대로 적어봤습니다. 한번 보십시오."

"……."

김한구가 단숨에 읽어보고 연방 고개를 끄덕였다.

"역시 홍 대감 문장은 알아줘야겠습니다. 조목조목 잘 추려 적어서 전하께서 보시면 당장에 불호령을 내릴 것 같습니다."

"소생도 동감입니다."

윤급도 그 소장을 읽어보며 만족한 표정을 지었다.

이들이 번갈아 읽은 것은 세자의 비행을 10가지로 요약해서 적어놓은 소장이었다.

김한구가 두 사람을 번갈아 보며 물었다.

"그나저나 이것을 어떤 방법으로 전하께 보여드릴 작정입니까?"

"그건 소생이 알아서 하겠습니다."

그들 중에 가장 젊은 문성국이 엉덩이를 들썩이며 다가앉았다.

"그래요? 어떻게 하실 겁니까?"

"소생이 아는 사람 중에 나경언이라는 자가 있습니다."

"나경언이라면!"

윤급이 고개를 갸우뚱하며 문성국을 쳐다보았다.

"그렇습니다. 지금 윤 대감님 집의 청지기로 있는 그자입니다. 그 자는 노름에 미쳐서 가산을 모두 탕진하고 시장 왈패들에게까지 많은 빚을 지고 있습니다. 그 빚을 갚아주고 처자식이 굶주리지 않을 정도의 엽전만 쥐여주면 불구덩이라도 들어갈 겁니다."

문성국의 말에 홍계희가 다그치듯 물었다.

"설사 그자가 이 일을 맡는다 해도 전하께서 이러한 사실을 어떻게 알았냐고 다그치면 변명할 길이 없지 않습니까? 미천한 일개 청지기가 세자의 일을 이처럼 소상히 알 수는 없으니까요."

"그것도 걱정하실 필요 없습니다. 그자의 아우가 바로 액정서 별감으로 있으니까요."

"……."

그 말을 듣고 김한구와 홍계희의 얼굴이 밝아졌다.

액정서는 궁궐 내시부에 소속되어 있는 관아로 왕명을 전달하고 궁궐을 관리하는 일을 맡고 있었다. 그 때문에 액정서에 소속된 내관들은 누구보다도 궁중 상황을 속속들이 알고 있었던 것이다.

밀담을 마친 그들은 기생들을 불러놓고 질탕하게 술을 마셨다.

그날 밤, 문성국은 나경언을 불러내어 엽전 꾸러미를 던져주었다. 당장 처자식이 굶고 있는 상황이라 나경언은 군말 없이 문성국의 지시에 따르기로 했다.

1762년^(영조 38) 5월 22일 아침, 윤급의 청지기인 나경언이 형조를 찾았다. 나경언은 전날 입직했던 형조참의 이해중을 만나 이렇게 고변했다.

"궁중의 내관들이 지금 반역을 모의하고 있습니다."

반역에 관한 고변은 국가의 존망이 달린 위급 상황이기에 이해중은 곧바로 영의정 홍봉한에게 달려갔다. 홍봉한은 역모라는 말

조선의 역사를 바꾼 치명적 말실수

에 너무 놀라서 이해중에게 직접 임금을 만나 그 내막을 고하게
했다.

영조는 손바닥으로 상을 내려치며 직접 그 고변자를 친국하겠
다고 했다.

이때 영조를 만나고 있던 홍계희가 회심의 미소를 지으며 호위
를 자청했다.

영조는 대궐의 모든 문을 닫게 하고 태복시(궁중의 수레와 말을 관리하
던 관아)에 국청을 설치했다. 그러고는 영의정 홍봉한·우의정 윤동
도·도제조 신만 등 8명의 중신과 함께 국문장에 자리를 잡았다.

곧바로 나경언이 의금부 나졸들에게 끌려 나왔다. 나졸들이 형
틀에 묶으려 하자 나경언이 재빨리 품속에서 소장을 꺼냈다. 그
러고는 땅바닥에 엎드리며 영조에게 아뢰었다.

"미천한 소인이 이 소장을 상감마마께 직접 올리기 위해서 부
득이하게 거짓말을 했사옵니다. 부디 나라를 위한 소인의 충정을
하해와 같은 넓은 마음으로 헤아려주시옵소서!"

영조는 그 소장을 읽으면서 손을 부들부들 떨었다. 그 소장에
는 사도세자가 저지른 10가지의 비행이 상세히 나열되어 있었던
것이다. 영조는 소장을 다 읽지도 못하고 옆에 있는 홍봉한에게
내밀었다.

홍봉한은 소장을 단숨에 읽고 땅바닥에 엎드렸다.

"전하, 신을 먼저 죽여주시옵소서! 세자 저하께서 그릇된 길로
가게 된 것은 바로 인도하지 못한 소인의 죄이옵니다."

홍봉한은 소리 내어 울었다.

슬며시 그 소장을 집어든 윤동도의 얼굴도 새파랗게 질렸다.

그 소장의 내용은 이러했다.

세자가 은언군과 은신군의 어머니인 양제 임씨를 때려 죽였고, 기생 출신 여승인 가선을 궁궐로 끌어들여 풍기를 어지럽혔으며, 부왕의 허락도 없이 몰래 평양에 가서 기생들을 끼고 술을 마시며 방탕한 생활을 즐겼다는 등의 내용이었다.

영조는 너무 기가 막혀서 땅이 꺼져라 한숨을 내쉬었다.

하루가 멀다 하고 말썽만 일으키는 세자가 또다시 이런 패륜을 저질렀다니 뭐라 할 말이 없었다.

판의금부사 한익모가 영조의 표정을 살피며 조심스레 말했다.

"전하께서 친국하시는 것을 알면서도 죄인이 이런 흉서를 몸에 지니고 들어온 것은 금부도사가 철저히 조사하지 않았기 때문입니다. 금부도사를 잡아다가 죄를 추궁해야 할 것입니다. 또한 죄인은 미천한 신분으로서 흉악한 말을 지어내어 전하를 속이고 세자를 핍박하게 만들었으니, 그 죄 죽여야 마땅하옵니다. 죄인을 엄하게 국문하여 법대로 다스리소서!"

곧이어 사서 임성이 나서서 아뢰었다.

"이렇듯 흉악한 말을 어찌 저자가 스스로 지어냈겠습니까? 저자는 분명히 누군가의 사주를 받았을 것입니다. 전하, 저자를 문초하여 그 배후를 밝혀내시옵소서!"

"저자의 배후를 밝혀 역적들을 엄벌로 다스리시옵소서!"

조선의 역사를 바꾼 치명적 말실수

대사간 이심원까지 목청을 높이자 영조가 버럭 역정을 내었다.

"그대들은 어찌 충신에게 벌을 내리라 하는가! 죄인은 이자가 아니라 동궁이로다. 여봐라, 저자들을 당장 끌어내라!"

갑작스러운 충격에 판단력을 잃어버린 영조는 세자를 두둔했다는 이유로 한익모와 이심원을 삭직시켰다.

그들이 국문장을 나가자 나경언에 대한 심문이 시작되었다.

"너는 세자가 이러한 비행을 저지른 사실을 어떻게 알았느냐? 미천한 네가 세자를 호위하고 다녔을 리는 없지 않느냐?"

"소인의 아우가 액정서 별감 나상언이옵니다. 일부는 아우를 통해 들은 이야기이고, 나머지는 민가에 떠도는 소문의 진상을 파악하여 작성하였사옵니다."

"그렇다면 무슨 이유로 이런 흉악한 글을 올렸느냐? 너같이 천한 상것이 스스로 이런 결정을 내렸을 리는 없고, 누군가 사주한 자가 있을 것이다. 그자의 이름이 무엇이냐?"

그 순간 영조의 곁에 있던 홍계희의 얼굴에 경련이 일었다. 만약 나경언의 입에서 자신의 이름이 거론된다면 역모죄를 면하기 어렵기 때문이었다.

그러나 나경언은 여유가 있었다. 자신을 충신으로 여기는 영조의 태도나 조정을 장악하고 있는 노론 세력이 구명하여 결코 죽이지 않을 거라는 믿음 때문이었다.

"소인은 맹세코 어느 누구의 사주도 받지 않았습니다. 소인은 그저 상감마마와 나라의 안위를 위한 충정에서……."

곤장을 내려치자 나경언의 말이 끊겼다. 무지막지한 곤장이 계속해서 내려쳤지만 나경언은 끝내 자백하지 않았다.

국문이 끝나자 영조는 세자를 데려오라고 명했다. 그러자 홍봉한이 조심스럽게 말했다.

"세자를 죄인과 같은 뜰에 있게 해서는 아니 되옵니다. 마땅히 죄인을 내보내야 할 것입니다."

"그리하라."

한참 후에 세자가 들어와 뜰에 엎드렸다.

영조가 핏대를 세우며 세자를 꾸짖었다.

"네 놈이 왕손의 어미를 때려 죽이고, 여승을 궁으로 들였으며, 내 허락도 없이 평양 유람을 다녀오고, 북한산성을 마음대로 휘젓고 다녔다는데, 이것이 어찌 세자로서 행할 일이냐? 그러고도 살아남기를 바라느냐?"

"전하, 억울하옵니다. 영상에게 들어보니 그 글은 과장된 것이 많사옵니다. 그 죄인과 소자를 대질시켜주시옵소서!"

세자는 울분을 이기지 못하고 나경언과의 대질심문을 요구했다.

그러나 영조는 일언지하에 거절했다.

"너는 나 대신 이 나라를 다스리는 왕세자다. 그런데 어찌 하찮은 죄인과의 대질을 요구하느냐? 보기 싫으니 썩 물러가라!"

영조는 세자가 문을 빠져나갈 때까지 한동안 노려보았다.

이윽고 영조가 평정을 되찾자 영의정 홍봉한이 나경언을 사형

조선의 역사를 바꾼 치명적 말실수

에 처할 것을 주청했다. 그러나 세자에 대한 분노가 하늘에 닿아 있던 영조는 그 자리에서 사돈인 홍봉한의 파직을 명했다.

영조는 처음에는 사도세자의 비행을 고발한 나경언을 충신이라 여기고 살려주려고 했다. 그러나 세자의 입장을 동정하던 남태제와 홍낙순이 삭직을 각오하고 주청했다.

"전하, 미천한 신분의 죄인이 은연중에 세자를 모함했다고 자백했으니 참형에 처해야 하옵니다. 윤허하여주시옵소서!"

"신하로서 군주를 고발한 것만으로도 대역죄가 성립되는 것입니다. 죄인을 당장 참형에 처하시옵소서!"

영조는 한참 동안 그들을 노려보다가 마지못해서 윤허했다.

"죄인만 참형에 처하고 그 처자식은 해치지 말라."

그 시각 나경언은 옥에 갇혀서 이 밤만 지나면 풀려날 거라는 생각에 희희낙락하고 있었다. 그런데 잠시 뒤에 갑자기 나졸 대여섯이 다가오더니 우악스럽게 끌어냈다.

나경언이 얼굴이 새파랗게 질려서 물었다.

"대, 대체 나를 어디로 데려가는 거요?"

"어디긴 어디야 형장이지. 네가 그런 중죄를 범하고도 살아남기를 바랐느냐?"

"그, 그럼 내가 죽는단 말이오?"

"그래! 당장 참형에 처하라는 어명이 내렸다."

그제야 사태를 파악한 나경언은 끌려가지 않으려고 버둥거렸다.

"제, 제발 살려주시오. 나는 아무 죄도 없소. 그저 돈 몇 푼에 눈이 멀어서 높으신 대감들이 시키는 대로 했을 뿐이오."

"이놈이 실성을 했구나. 어서 끌고 가자!"

나경언은 의금부 나졸들에게 사형장까지 질질 끌려 나왔다. 우악스럽게 생긴 망나니가 커다란 칼을 휘두르며 춤을 추었다. 나경언은 여전히 죄가 없다며 고래고래 소리를 질렀다.

한 나졸이 다가와서 그의 입에 재갈을 물렸다. 손발은 묶여 있고, 입에 재갈까지 물려 있으니 뭐라 하소연할 수도 없었다.

문득 자신에게 이 일을 맡긴 문성국의 말이 생각났다.

"이것은 선금으로 미리 주는 걸세. 자네와 식구들 신상에는 아무런 해가 가지 않게 할 터이니 시키는 대로 잘 처리해주게. 일이 잘 끝나면 자네는 평생 떵떵거리며 살 돈을 만질 수 있을 게야."

한편으로 나이 어린 올망졸망한 자식들의 눈망울이 떠올랐다. 혼인하고 사는 동안 마음고생만 시켰던 아내의 초췌한 모습도 떠올랐다. 그 불쌍한 자식들과 마누라는 제발 무사해야 할 텐데…….

이런 생각을 했을 때 망나니의 시퍼런 칼날이 나경언의 목을 내리쳤다. 돈 몇 푼에 영문도 모르는 내용을 고변했던 폭로자 나경언은 이렇게 망나니의 칼날에 사라져갔다.

나경언이 처형된 후로 집권파인 노론과 세자를 두둔하는 소론 사이에 숨가쁜 암투가 벌어졌다.

세자가 죽기를 바라는 노론, 정순왕후 부녀, 숙의 문씨 남매는

조선의 역사를 바꾼 치명적 말실수

각자의 입장에서 세자의 다른 여죄를 만들어 영조의 분노에 기름을 끼었었다.

이들 중에서도 요부인 숙의 문씨는 오빠 문성국에게 들은 이야기를 그럴듯하게 포장하여 영조의 화를 북돋웠다.

"전하, 세자 때문에 심려가 크시겠습니다."

"그런 자식이 왜 내 몸에서 나왔는지 하늘이 원망스럽구나."

어느새 일흔을 바라보는 영조는 기진맥진한 모습이었다. 숙의 문씨가 슬며시 손을 잡으며 말했다.

"듣자 하니 포도청에 세자와 꼭 닮은 사내가 잡혀와 있답니다."

"그건 또 무슨 소리냐?"

"이름이 박지성이라는 건달패의 우두머리인데 수하 세 명과 함께 부녀자를 겁탈했다고 합니다. 겁탈을 당한 그 여자가 포도청에 고변을 해서 붙잡아 문초를 했는데, 참으로 그자들의 행태가 가관입니다."

"그자들이 뭐라 했다더냐?"

"박지성이라는 자의 말이 전에도 세자가 시켜서 이런 일을 자주 했는데, 당장 풀어주지 않으면 세자에게 치도곤을 당할 거라며 오히려 큰소리를 치더랍니다."

"네 이놈을 당장……"

이 같은 세자에 대한 비방은 영조의 분노를 부추겼다. 게다가 어린 중전도 아버지 김한구의 사주를 받아 영조가 들 때마다 세자에 대한 비방을 늘어놓았다.

세자를 옹호하는 사람은 단 한 명도 없고, 들려오는 소리는 모두가 세자가 저지른 죄상뿐이라 영조의 마음은 점차 세자를 버리는 쪽으로 기울고 있었다.

영조의 결심을 간파한 세자의 생모 영빈 이씨는 며느리 혜경궁 홍씨와 세손이 걱정되었다. 세자가 죽는다면 다음 순서는 그들이 될 게 분명하기 때문이었다.

영빈 이씨는 손자와 며느리만이라도 살리겠다는 생각으로 영조에게 독대를 청했다. 영조는 영빈을 보자마자 매몰차게 쏘아붙였다.

"세자에 대한 변명을 하려거든 당장 돌아가시오."

"전하, 제발 소첩의 처음이자 마지막 청을 들어주십시오."

"……말해보시오."

"세자는 종묘사직을 위태롭게 한 죄를 너무도 많이 저질렀습니다. 그러니 전하의 뜻대로 처리하십시오. 하지만 빈궁과 어린 세손은 아무런 죄가 없습니다. 또 세손은 왕실의 대통을 이을 단 한 분뿐인 소중한 왕손이십니다. 이 늙은 소첩을 봐서라도 제발 빈궁과 세손의 목숨은 보전해주십시오."

영빈이 울면서 애원한 이 말은 결국 세자의 생모까지도 죄를 인정하고 죽여도 좋다는 승낙으로 해석되었다. 영조는 마음이 착잡했지만 그 자리에서 세손은 끝까지 지키겠다는 약속을 했다.

1762년^(영조 38) 윤 5월 13일, 마침내 영조는 종사를 위해서라는 얼토당토않은 명분을 내세워 친자식을 죽이기로 결정했다.

　　　　　　　　조선의 역사를 바꾼 치명적 말실수

당시 세자는 20여 일 동안 창경궁 내의 시민당 월대에서 석고대죄로 용서를 빌고 있었다. 영조는 정비인 정성왕후의 신위가 모셔진 휘령전으로 나가서 왕실 호위 군사들에게 모든 문을 4~5겹으로 막게 하고 세자를 불렀다.

잠시 뒤 세자를 앞세우고 많은 대신들이 뒤따라왔다. 영조는 세자만 들이라 명하고 대신들의 출입을 차단했다. 초췌한 몰골의 세자가 맨땅에 엎드려 머리를 조아렸다.

영조는 장검을 던지며 소리쳤다.

"네 손으로 목숨을 끊어라!"

"저, 전하!"

그 순간 문밖에 있던 영의정 신만과 좌의정 홍봉한, 판부사 정휘량 등이 우르르 몰려들어 왔다. 그러나 그들은 서슬이 퍼런 영조를 보고 차마 어명을 거두라는 진언은 하지 못했다.

영조가 칼을 흔들며 자결을 재촉했다.

"네 스스로 목숨을 끊어서 종묘사직을 어지럽힌 죄를 씻어라!"

세자가 비장한 얼굴로 땅바닥에 놓인 칼을 집었다.

그 순간 세자시강원의 신하들이 우르르 달려들었다.

"저하, 그것만은 아니 되옵니다!"

그들은 세자의 손에 들린 칼을 빼앗아 멀리 던져버렸다.

그 모습을 보고 영조가 눈을 부라리며 한 걸음 다가섰다.

"내 이놈들을 당장······."

영조는 잠시 동안 그들을 쏘아보다가 칼을 내던졌다.

"세자를 폐하고 서인으로 삼을 것이다. 내관들은 어서 가서 뒤주를 가져오라!"

잠시 뒤 내관 네댓 명이 큼지막한 쌀뒤주를 대령했다.

"죄인을 그 안에 가두고 자물통을 채우라! 만약 죄인에게 물 한 모금이라도 주는 자가 있으면 내 용서치 않을 것이다!"

때는 윤 5월 무더운 한여름 날씨였다. 온 나라가 가뭄에 시달리던 터라 타는 듯한 불볕더위가 기승을 부리고 있었다. 영조의 엄명에 내관 하나가 큼지막한 자물쇠로 뒤주를 잠갔다. 찌는 무더위에다 폐쇄공포증이 있는 세자는 캄캄한 뒤주 속에서 아버지를 목 놓아 불렀다.

"아버지, 소자가 잘못했습니다. 제발 살려주십시오."

세자의 슬픈 외침에도 영조는 매몰차게 발길을 돌렸다.

그로부터 8일 후, 세자는 캄캄한 뒤주 속에서 28년의 한 많은 생을 마감했다. 조선 역사를 통틀어 친아버지에게 죽임을 당한 처음이자 마지막인 비운의 왕자로 역사에 영원히 기록된 것이다.

세자가 죽은 후 영조는 곧 자신의 행동을 후회하고 세자의 죽음을 애도한다는 뜻으로 사도思悼라는 시호를 내렸다. 또 장례 때는 손수 세자의 신주에 제주를 따르며 자신의 결정은 나라를 위한 부득이한 조치였다며 눈물을 흘렸다.

그로부터 14년 뒤, 영조의 뒤를 이어 사도세자의 아들 정조가 왕위에 올랐다. 아버지의 비참한 삶과 죽음을 목격하면서 자란 정조는 보위에 오르자마자 숙의 문씨를 폐하고 도성 밖에 안치했

조선의 역사를 바꾼 치명적 말실수

다. 또 그녀의 오빠 문성국을 그의 가족과 함께 사형에 처하라는 어명을 내렸으나, 문성국은 그 명을 받기 전에 스스로 목숨을 끊었다.

그리고 김한구, 윤급, 홍계희 등은 이미 영조 대에 죽었기 때문에 더이상의 형벌은 가할 수 없었다.

치명적 말실수

초판 1쇄 발행 2020년 3월 9일
초판 2쇄 발행 2020년 5월 27일
개정판 1쇄 발행 2024년 11월 12일

지은이 이경채
펴낸이 이수철
주 간 하지순
교 정 차은선
디자인 박예진
콘텐츠개발 전강산, 최진영, 하영주
영상콘텐츠기획 김남규
관 리 진호, 황정빈, 전수연

펴낸곳 나무옆의자
출판등록 제396-2013-000037호
주소 (10449) 경기도 고양시 일산동구 호수로 358-39 동문타워1차 703호
전화 02) 790-6630 팩스 02) 718-5752
전자우편 namubench9@naver.com
인스타그램 @namu_bench

© 이경채, 2024

ISBN 979-11-6157-199-7 03910

* 이 책의 전부 또는 일부 내용을 재사용하려면
  사전에 저작권자와 도서출판 나무옆의자의 동의를 받아야 합니다.
* 잘못 만들어진 책은 구입하신 곳에서 바꾸어드립니다.